古典文獻研究輯刊

十六編

潘美月・杜潔祥 主編

第 17 冊

出土文獻與《商君書》綜合研究（下）

仝衛敏 著

國家圖書館出版品預行編目資料

出土文獻與《商君書》綜合研究（下）／仝衛敏　著 — 初版
— 新北市：花木蘭文化出版社，2013〔民 102〕
目 2+142 面；19×26 公分
（古典文獻研究輯刊 十六編；第 17 冊）
ISBN：978-986-322-168-5（精裝）
1. 商君書　2. 研究考訂
011.08　　　　　　　　　　　　　　　　　102002356

ISBN-978-986-322-168-5

9 789863 221685

古典文獻研究輯刊
十六編　第十七冊　　　　　　　ISBN：978-986-322-168-5

出土文獻與《商君書》綜合研究（下）

作　　　者　仝衛敏
主　　　編　潘美月　杜潔祥
總 編 輯　杜潔祥
企劃出版　北京大學文化資源研究中心
出　　　版　花木蘭文化出版社
發 行 所　花木蘭文化出版社
發 行 人　高小娟
聯絡地址　235 新北市中和區中安街七二號十三樓
　　　　　　電話：02-2923-1455／傳真：02-2923-1452
網　　　址　http://www.huamulan.tw 信箱 sut81518@gmail.com
印　　　刷　普羅文化出版廣告事業
初　　　版　2013 年 3 月
定　　　價　十六編 30 冊（精裝）新台幣 50,000 元　　版權所有·請勿翻印

出土文獻與《商君書》綜合研究（下）

仝衛敏　著

上 冊

緒 論 1

一、《商君書》研究現狀 3

二、商鞅與《商君書》 17

三、本文的研究思路與研究方法 28

上編 《商君書》分篇成書時代考證 31

引言 分篇考證之意義 33

第一章 商鞅生平及其思想傳承考析 35

第一節 商鞅生平考析 35

第二節 商鞅思想傳承考析 62

第二章 《商君書》分篇成書時代考證（上） 69

第一節 「治世不一道，便國不必法古」——
《更法篇》 69

第二節 「爲國之數，務在墾草」——《墾令篇》 81

第三節 治國作壹，以農戰爲教——《農戰篇》 ... 96

第四節 「有道之國，務在弱民」——《去彊篇》
與《說民篇》《弱民篇》 103

第五節 「任地待役之律」——《算地篇》 124

第六節 「效於今者前刑而法」——《開塞篇》 ... 131

第三章 《商君書》分篇成書年代考證（中） 139

第一節 壹民務于農戰——《壹言篇》 139

第二節 「錯法」爲治之本——《錯法篇》 143

第三節 攻守之道——《戰法》、《立本》、《兵守》
.... 146

第四節 任法而治，爵賞農戰——《靳令篇》 ... 154

第五節 「公私之交，存亡之本也」——《修權篇》
.... 163

第六節 「徠三晉之民，而使之事本」——《徠民
篇》 168

第七節 重刑厚賞、驅民于戰——《賞刑篇》 ... 179

下 冊

第四章 《商君書》分篇成書時代考證（下） 185

第一節 「法必明，令必行」——《畫策篇》 185

第二節 武爵武任——《境內篇》 190

第三節　「邊利盡歸於兵，市利盡歸於農」——
　　　　《外內篇》 ………………………………… 199

第四節　緣法而治，君尊民服——《君臣篇》 …… 203

第五節　勢與數——《禁使篇》 ………………… 208

第六節　「明君忠臣」「不可以須臾忘於法」——
　　　　《慎法篇》 ………………………………… 211

第七節　「法令明則名分定」——《定分篇》 …… 216

上編小結 …………………………………………… 225

下編　《商君書》綜合研究 ……………………… 231

第一章　《商君書》所見制度考析 ……………… 233

第一節　「制土分民之律」——《商君書》所見
　　　　土地制度考析 …………………………… 233

第二節　「武爵武任、粟爵粟任」——《商君書》
　　　　所見爵制考析 …………………………… 238

第三節　《商君書》所見其他制度雜考 ………… 256

第二章　《商君書》所見思想研究（上） ……… 265

第一節　歷史觀和人性論——《商君書》的理論
　　　　基礎 ……………………………………… 265

第二節　「尚公」和國家本位——《商君書》的
　　　　政治思想 ………………………………… 275

第三節　權勢主義——《商君書》中的「勢」與「術」
　　　　 ………………………………………………… 279

第三章　《商君書》所見思想研究（下） ……… 289

第一節　驅民于農——《商君書》的重農思想 … 289

第二節　政勝爲本——《商君書》的軍事思想 … 293

結語　《商君書》在戰國秦代政治思想史中的
　　　　地位 ……………………………………… 301

附錄一　《商君書》佚文——《立法篇》研究 … 309

附錄二　商鞅大事年表 …………………………… 311

附錄三　大良造庶長辨析 ………………………… 315

參考文獻 …………………………………………… 321

第四章 《商君書》分篇成書時代考證
（下）

第一節 「法必明，令必行」——《畫策篇》

所謂「畫策」即謀劃策略。本篇是給國君出謀獻策，作者認為治國之道應順應時代的改變而變化，在戰國時代，只有實行法治才能統一天下。關於法治，作者提出要通過重刑而不賞善、不貴義的方式來確保「法必明，令必行」。

一、關於《畫策篇》成書的幾種觀點

本篇的成書及作者，論者的意見較為一致，多認為非商鞅所著，但對作者及成書下限則眾說紛紜。概言之，約有如下幾種說法：

第一種觀點對本篇成書的論斷過於含混，只是肯定非出自商鞅。論者指出本篇是一種論著，主旨在因「時變，以戰去戰，以殺去殺，以刑去刑」而歸結到「不貴義而貴法。」大體與商鞅的思想相合。然文中有「明主在上，所舉必賢，則法可在賢」的話，似非極端任法的商鞅所肯說。又有「所謂義者，為人臣忠，為人子孝，少長有禮，男女有別——此乃有法之常也」的話，是以法釋義，與《開塞篇》刑義完全相反的論調不同。且本篇文義在全書中最為流暢。因此種種，我認為本篇或不是出於商鞅，而是「法家者流撥鞅餘論以成」，又稍雜有他意。〔註1〕

〔註 1〕陳啟天：《商鞅評傳》，第 131 頁。

　　第二種觀點明確指出本篇著成於秦昭王晚年，其具體依據如下：《畫策篇》講「壹民於戰」與《算地》及《賞刑》所說的「壹教」內容相符合，言「以刑去刑」及重輕罪的主張又和《去彊》、《靳令》、《說民》三篇近似。而《算地》、《墾令》、《畫策》三篇與《徠民篇》關係密切，《去彊》、《說民》、《靳令》等篇又和《弱民篇》有很大關係。因此判斷該篇與《徠民》、《弱民》兩組都有關係，當同出於一手。〔註2〕

　　第三種觀點則認爲本篇成於秦始皇元年到二十六年統一天下期間，即公元前246～前221年。其主要論據包括：其一，篇中有云「是以人主處匡床之上，聽絲竹之聲，而天下治」，這種「無爲而治」的說法顯然是受韓非思想的影響。其二，在羅列上古帝系時本篇以「昊英之世」代替「伏羲」作爲古聖王之首，與《更法篇》商鞅所列帝系有別；其三，篇內不僅敵視「仁」，更仇視「義」，而「義」是孟子所提倡的，故本篇應在孟子之後；其四，篇末一段連用幾個「必」字，這種語氣亦爲他篇所無。凡此，皆可證本篇非商鞅所著。〔註3〕

　　案，以上這些說法恐怕都有失允當。首先，關於第一種觀點，認爲「明主在上，所舉必賢」之說不是商鞅的主張。對此，我們在前文探討《開塞篇》的成書時已經辨析。法家雖主張法治，但並不一概排斥賢者。對那些主張嚴刑峻法的法術之術和在農戰方面才能突出者，其實是非常歡迎的。關於對「義」的解釋，《開塞篇》並沒有刑義完全相反的論調。它極力反對的是「立民之所好而廢其所惡」的世俗之「義」，而主張實行「立民之所惡而廢其所樂」的法家之「義」，故作者說「吾所謂刑者，義之本也。」這與本篇的解釋並不矛盾，篇中云：「所謂義者，爲人臣忠，爲人子孝，少長有禮，男女有別；非其義也，餓不苟食，死不苟生，此乃有法之常也。」即認爲提倡道義所取得的政治效果不過是推行法治後所出現的極其平常的事情，以法釋義與刑爲義之本的觀點其實是一致的。

　　其次，關於第二說，本篇的相關論點與《算地》、《賞刑》及《去彊》、《靳令》、《說民》符合，並不表示它就與《徠民》、《弱民》兩篇關係密切。這種論斷其實是以局部來代替整體，不符合邏輯推理的。

　　復次，關於最後一種觀點，由於論據頗多，故有必要逐條辨析：其一，篇中所謂「是以人主處匡床之上，聽絲竹之聲，而天下治」的說法並非所謂

〔註2〕容肇祖：《商君書考證》，《燕京學報》第二十一期。
〔註3〕鄭良樹：《商鞅及其學派》，第113～115頁。

「無爲而治」。因爲前文有言，「所謂明者，無所不見，則群臣不敢爲姦，百姓不敢爲非。」正是通過「以法相司」而達到「無所不見」，聖人才能悠閒自得地取得天下大治之效。由此觀之，這種治是有所作爲的，因此也就談不上與韓非有關。其二，篇中徵引古史只爲說明問題，或首言伏羲，或先談昊英，皆爲篇章主旨及論點服務，並不能據此而言與商鞅不同。如《更法篇》稱引的聖工上及伏羲、神農、黃帝，下迄商湯、文、武，而《農戰》、《算地》等篇僅以先王二字代替，《開塞篇》以神農與湯武相比，《修權篇》則只提及堯、舜……如此之類，不勝枚舉。況且戰國諸子徵引古史立說往往斷章取義、各取所需，而非如史家般無徵不信地考定上古帝系。從前文對《更法篇》所引上古帝系的辨析中我們知道，早期的帝繫傳說模糊混雜，異說紛呈，在伏羲、神農之前尚有若干遠古帝王。《商君書》各篇在引用時未見得拘守一家成說，出現矛盾或偏差也合乎實際。其三，本篇只是主張不貴義，但並沒有特別仇視「義」。篇中云「聖王者不貴義而貴法，法必明，令必行，則已矣。」因爲「義者能愛於人，而不能使人愛」，其局限性非常明顯；而法治的效果遠遠大於行仁義。況且，對義的推崇並不僅僅局限於孟子，前文已多次指出墨子也非常重視義，他曾認爲「天下莫貴於義」。〔註4〕其四，依據篇末連用幾個「必」這樣的語氣爲他篇所無，只能說明本篇的特殊之處，並不能由此推斷其成書。

因此，關於本篇的成書仍是一個需要仔細斟酌的問題。

二、《畫策篇》成書探析

首先，本篇關於重刑以至於無刑的觀點，與《去彊》、《說民》、《靳令》、《賞刑》幾篇完全一致。

本篇第一段提出「以刑去刑，雖重刑可也」的主張，下文進一步闡發這一道理，謂「國皆有法，而無使法必行之法；國皆有禁姦邪刑盜賊之法，而無使姦邪盜賊必得之法。爲姦邪盜賊者死刑，而姦邪盜賊不止者，不必得。必得而尚有姦邪盜賊者，刑輕也。……故不刑而民善。不刑而民善，刑重也。刑重者，民不敢犯，故無刑也。」這種重刑的見解，正是對《去彊》、《說民》兩篇「王者刑九而賞　」所作的解釋。其中「故善治者刑不善而不賞善」的說法，在《說民篇》中也有近似的主張，如「用善則民親其親，任姦則民親其制。」「故曰：以良民治，必亂至削；以姦民治，必治至彊。」

〔註4〕《墨子·貴義》

其次，從壹民於戰的主張來看，本篇與《農戰》、《算地》、《賞刑》、《去彊》等篇有近似之處。

《算地篇》云：「入使民屬於農，出使民壹於戰。」《畫策篇》則專言使民壹於戰，「民勇者戰勝，民不勇者戰敗。能壹民於戰者，民勇。不能壹民於戰者，民不勇。」前文業已指出，在「壹民於戰」的論述上，本篇與《賞刑篇》所說的「壹教」甚為契合。《賞刑篇》云：「富貴之門，要存戰而已矣。彼能戰者踐富貴之門，彊梗焉，有常刑而不赦。是父兄、昆弟、知識、婚姻、合同者皆曰：『務之所加，存戰而已矣。』夫故當壯者務於戰，老弱者務於守；死者不悔，生者務勸。此臣之所謂壹教也。民之欲富貴也共闔棺而後止。而富貴之門必出於兵，是故民聞戰而相賀也，起居飲食所歌謠者戰也。」本篇謂：「民之見戰也，如餓狼之見肉，則民用矣。」「能使民樂戰者王。彊國之民，父遺其子，兄遺其弟，妻遺其夫，皆曰：『不得，無返。』又曰：『失法離令，若死我死。』鄉治之，行間無所逃，遷徙無所入。」

《畫策篇》主張「舉國而責之於兵」，認為農民樸實純正，是最好的兵源。這與《農戰》、《算地》兩篇兵農合一的思想也是一致的。這種寓兵於農的思想，解決了兵、農爭民力的矛盾。篇中云「入其國，觀其治，兵用者彊。」這與《去彊篇》所謂「戰事兵用曰彊」的說法其實也是一致的。

第三，本篇關於以法治軍的論述，既符合商鞅的變法實踐，與《立本》等篇也相互呼應。是篇謂：「入〔註5〕行間之治，連以五，辨之以章，束之以令；拙〔註6〕無所處，罷無所生。是以三軍之士從令如流，死而不旋踵。」即是說對軍中的士兵，也採取連坐之律、告姦之賞及匿姦之刑。商鞅變法時曾規定：「令民為什伍，相牧司連坐，不告姦者腰斬。告姦者與斬敵首同賞，匿姦者與降敵同罰。」〔註7〕《立本篇》開篇即言「凡用兵，勝有三等」，其中「兵未起則錯法」是第一等，即建立法度是強兵的根本方法。

第四，本篇主張爵賞不濫的觀點，與《農戰》、《壹言》等篇「壹賞」的主張是一致的。《畫策》篇有言：「明主不濫富貴其臣。所謂富者，非粟米珠玉也；所謂貴者，非爵位官職也；廢法作私，爵祿之，富貴之，濫也。〔註8〕……

〔註5〕 此「入」字當依《指海》本刪除，說見蔣禮鴻：《商君書錐指》，第108頁。
〔註6〕 「拙」，可訓「屈」，此處義為退卻。「罷」指敗逃。說見劉如瑛：《諸子箋校商補》，第191頁。
〔註7〕 《史記‧商君列傳》
〔註8〕 案，杜麗榮對此處的斷句與蔣禮鴻出入較大，她主要參考的是高亨的《商君

國亂者，民多私義；兵弱者，民多私勇。則削國之所以取爵祿者多塗；亡國之俗，賤爵輕祿，不作而食，不戰而榮，無爵而尊，無祿而富，無官而長，此之謂姦民〔註9〕。」《農戰篇》云：「善爲國者，其教民也，皆作壹而得官爵，是故不官無爵。」「民見上利之從壹空出也，則作壹。」此處的「壹」指專務農戰。如果官爵多途，則豪傑皆變業，「務學《詩》、《書》，隨從外權，上可以得顯，下可以求官爵；要靡事商賈，爲技藝，皆以避農戰。具備，國之危也。」《農戰篇》所批評的靠言談遊說得官爵及爲商賈、技藝求富的現象正是《畫策篇》所說的「不作而食，不戰而榮，無爵而尊，無祿而富，無官而長」的亡國之俗。《壹言篇》曰：「夫民之從事死制也，以上之設榮名、置賞罰之明也，不用辯說私門，而功立矣。故之民喜農樂戰也，見上之尊農戰之士，而下辯說技藝之民，而賤遊說之人也。」也是主張賞罰應出於農戰壹孔，禁絕私門之勞。

另外，篇中所謂「縣重賞而民不敢爭，行罰而民不敢怨者，法也」的說法，實際上就是主張重刑厚賞，這與商鞅的主張完全相同。

值得一提的是，本篇還提出「故以戰去戰，雖戰可也；以殺去殺，雖殺可也」的主張，爲重戰和以武力統一天下張本。下文更明確指出，「名尊地廣以至王者，何故？戰勝者也。名卑地削以至於亡者，何故？戰罷者也。不勝而王，不敗而亡者，自古及今，未嘗有也。」此語明確地表明本篇作者的觀點，即只有用武力才能統一天下。而這一說法的提出應在秦惠文王時期，而非商鞅時代。從孝公即位之初「諸侯卑秦」到行商鞅之法十餘年「天子致伯」、「諸侯畢賀」〔註10〕，秦國日漸富強。但此時秦的首要目標是攻打三晉的魏國，收復失地，尚無統一天下的意圖。到惠文王的時代已經具備了這種戰略條件。公元前 328 年，公子華和張儀率兵攻魏，佔領了蒲陽（山西永濟北），魏國節節潰敗，便將上郡十五縣以及河西的少梁獻給秦國。至此，河西之地全部歸秦所有。這就使秦國在戰略上處於極其有利的地位：它的西面、北面沒有強敵，南有秦嶺與巴蜀、楚國相隔，東依黃河、函谷關一線天險，將各諸侯國拒之關外，這就在關中及其西部創造了一個極爲穩定的環境，其形勢

書注譯》、山東大學《商子譯注》、張覺《商君書全譯》等書，參見杜麗榮：《〈商君書〉實詞研究》，四川大學 2001 級碩士學位論文，第 201 頁。

〔註9〕高亨等人都把「姦民」當作偏正短語，杜麗榮認爲此處的「姦民」當視爲動賓短語，「姦」爲使動用法，即「使民衆姦邪」。案，杜說是，茲從之。見杜文第 201 頁。

〔註10〕《史記・秦本紀》

不僅進可攻，退可守，而且有利於發展農業生產，保證經濟發展和政治穩定，使秦立於不敗之地。

另外，「以戰去戰，雖戰可也」的說法，據《群書治要》、《太平御覽》等書徵引可知，亦見於《司馬法》一書，其文曰：「古者以仁爲本，以義治之謂正。是故殺人安人，殺之可也。攻其國，愛其民，攻之可也。以戰去戰，雖戰可也。」〔註11〕「穰苴兵法曰：以戰去戰，雖戰可也。戰春不東秋不西，月食還師，所以止戰也。」〔註12〕案，穰苴兵法即司馬法。《司馬法》一書，據學者研究，該書在形式上輯次成書最終確定於戰國中期的齊威王時代，其內容以西周時期古代王者兵書《司馬兵法》爲雛形，經過春秋時期齊國軍事家司馬穰苴的詮釋和戰國中期齊威王統治時的稷下學者們的補充。〔註13〕唐宋類書所引「以戰去戰，雖戰可也」一句見於今本《司馬法·仁本篇》，這種立足於「仁」、「義」，致力於避免戰爭；同時又正視戰爭客觀存在並肯定正義戰爭的態度，是辯證而可貴的，反映出該書在戰爭問題上的理性認識深度。齊威王在位時與商鞅在秦國開展變法運動同時，故「以戰去戰，雖戰可也」的思想在時人心目中已達成共識。

綜上可見，《畫策篇》在具體內容上有很多觀點與全書中成書較早的篇章極爲相似，因此其成書不會太晚。其下限應在秦惠王時，作者是一位對商鞅學說非常熟悉的人物。

第二節　武爵武任——《境內篇》

在現存《商君書》二十四篇當中，有十五篇提到軍功爵制問題，特別是《境內篇》，是專門論述軍功爵制的。

關於本篇的成書，學界爭議不大，多數學者認爲此篇是商鞅遺著。如劉咸炘云：「《墾令》、《境內》二篇乃所陳法式」「或本鞅條上之文」。〔註14〕陳啓天則對劉說提出質疑，認爲篇中所言「只見方法，不見說明，像法令的體裁，不像條陳的體裁。」緊接著他詳細陳述了自己的看法，「首節言戶籍法。商鞅實行告姦和連坐法，自必同時實行戶籍法。次節和三節言軍爵兼及軍制。軍制或有

〔註11〕　（唐）魏徵等撰：《群書治要》卷三十三，四部叢刊影印本。
〔註12〕　《太平御覽》卷三百一十三，四部叢刊影印本。
〔註13〕　黃樸民、徐勇：《〈司馬法〉考論》，《管子學刊》，1992 年第 4 期。
〔註14〕　劉咸炘：《子疏》第八。

是秦國原有的，商鞅再加以補充的規定。軍爵的晉敍方法，或全是商鞅所新定。商鞅極重戰功，故於晉敍軍爵有此詳細規定。四節言獄法。用兵有賞必有罰，前兩節言賞，而此節則言罰。末節言攻城法。秦自商鞅時起，對於六國用兵多採攻勢，即商鞅本人也曾數次領兵出征攻城。如何攻城，又如何論功行賞，自應明白規定。因此我疑本篇是商鞅所行法令殘留下來的一部分。經年過久，脫誤最多。」〔註15〕郭沫若也主此說，他明確指出「現存《商君書》除《境內篇》殆係當時功令，然亦殘奪不全者外，其餘均非商鞅所作。」〔註16〕但他並沒有做仔細的論證。比較而言，陳啓天的論證更爲詳備。

　　然而反對的聲音依然存在，如有學者指陳《境內篇》所言斬首拜爵之制與《韓非子·定法篇》所引商君之法大意相同，然而不是韓非所引的語句，因而認爲不能據此說《境內篇》是商鞅所作。《境內篇》云：「能得甲首一者，賞爵一級，益田一頃，益宅九畝，除庶子一人，乃得人兵官之吏。」而《韓非子·定法篇》則云：「商君之法曰：斬一首者爵一級，欲爲官者爲百石之官。官爵之遷與斬首之功相稱也。」〔註17〕

　　按，韓非所引商君之法，只是關係爵制的一條或少數之法令而已，若當作唯一的原則加以引申和發揮，實有悖於史實。秦被稱爲「尚首功之國」，每次戰役斬首無數，史籍所載者當不下百萬人次，而史所缺略不書者，尚不知凡幾。〔註18〕果眞斬一首者獲爵一級，累積遞陞，不僅人人加官、戶戶晉爵，即便是二十等爵的完備制度也根本無法消化這數不盡的首功。更何況事實上，秦代的軍功拜爵是非常嚴格的。《境內篇》云：「以戰故，暴首三，乃校三日，將軍以不疑致士大夫勞爵。」對於戰役中獲得的敵首，要公開三日，仔細核實三日，確定無誤後才由將軍宣佈授爵或賞勞。《韓非子·定法篇》所謂「商君之法曰：斬一首者爵一級，欲爲官者爲五十石之官；斬二首者爵二級，欲爲官者爲百石之官。」這些顯然是針對軍功爵而言的，而且從這段話明確「欲爲官者爲……之官」，這其實暗含不當官也是可以享有爵位的，畢竟國家的官職數量是有一定限度的。這一點已得到睡虎地秦簡及其他出土秦文物的證實，有爵而無官職的士伍是大量存在的。如睡虎地秦簡《封診式》

〔註15〕陳啓天：《商鞅評傳》，第132頁。

〔註16〕郭沫若：《十批判書》之《前期法家的批判》，第339頁。

〔註17〕高亨：《商君書作者考》，見《商君書注譯》第11頁。

〔註18〕孫楷著、楊善群校補：《秦會要》卷十八兵上，上海：世紀出版集團、上海古籍出版社，2004年12月第1版，第391頁。

記載的「某里公士甲」、「強攻群盜某里公士某室」、「公士鄭」、「里人公士定」〔註 19〕等等。又如秦始皇陵西側趙背戶村秦墓出土的「居貲」瓦文墓誌中列舉諸多刑徒，其中有「上造慶忌、公士富、公士契心、公士滕、不更牙」等有爵者。〔註 20〕

因此，韓非所引商鞅之法其實仍有進一步解釋的必要。所謂「斬一首者爵一級」的累計晉爵原則，核之《境內篇》就會發現只適合公士、上造、簪裊這三個最低爵等，從四級不更到第五級大夫，這個原則就不適用了。〔註 21〕這就提示我們，軍功拜爵的原則在具體操作層面有很多限制條件，不同爵等間差異也比較大，並非韓非所述那樣簡單。從《定法篇》所引商君之法的用意來看，其目的在於批駁以「勇力之所加而治知能之官」的弊端，因為斬首者勇力有餘，但未見得能勝任主要依靠智力的官職。事實上，韓非的這一批駁同樣失之偏頗。《境內篇》就明確指出獲爵後「乃得入兵官之吏」，意即拜爵後才可以在軍隊中擔任官吏。戰國時代文、武分職已成各國官制的普遍規律，秦國也不例外，以軍功獲爵者在軍隊中擔任武職是最自然不過的。

顯然，韓非本人對「斬一首者爵一級」的拜爵原則並未細究，對獲爵者任官職的理解也過於狹隘，其說實不足為據。

細繹全文，我們認為關於本篇的成書還可以做進一步地補充論證。

一、從爵制等級看《境內篇》的成書

本篇由於詳細敘述了爵等、爵稱等相關問題，且與《漢書·百官公卿表》有頗多相近之處，故素來為學者所看重。其文曰：「行間之吏也，故爵公士也，就為上造也。故爵上造，就為簪裊。〔故爵簪裊〕，就為不更。故爵〔不更，就〕為大夫。爵吏（大夫）〔註 22〕而為縣尉……爵大夫而為國治，就為

〔註 19〕 睡虎地秦墓竹簡整理小組編：《睡虎地秦墓竹簡》，第 251～276 頁。

〔註 20〕 始皇陵秦俑坑考古發掘隊：《秦始皇陵西側趙背戶村秦刑徒墓》，《文物》，1982 年第 3 期。

〔註 21〕 杜正勝：《從爵制論商鞅變法所形成的社會》，《中央研究院歷史語言研究所集刊》第五十六本第三分，臺北：中央研究院歷史語言研究所，1985 年 9 月出版，第 502～503 頁。

〔註 22〕 此處「爵吏」的「吏」疑為「大夫」之誤。其一，「爵吏」不文，吏非爵名，爵非吏名。其二，戰國文字習慣「大夫」合文而書，作「![合文]」。秦簡、秦石及秦銅器銘文等材料有大量「大夫」二字合文的例證。改為「大夫」，則文義貫通：上文言至大夫一級，此句緊接著講大夫的待遇。說詳車新亭：《試說衛鞅「強國之法」中的爵制》，第 5 頁注釋 2，北京師範大學圖書館藏碩士論文，1990 年。

〔官〕大夫。故爵〔官〕大夫，就爲公大夫。〔故爵公大夫〕，就爲公乘。〔故爵公乘〕，就爲五大夫……故爵五大夫，〔就爲大庶長。故大庶長，就爲左更。故四更〔註23〕者，就爲大良造。〕〔註24〕」

那麼本篇所述爵等、爵稱是否符合商鞅爵制的實情呢？上述主張本篇爲商鞅遺著的論者多語焉不詳。本篇的記載與《百官公卿表》比較，哪一種更符合秦爵制的實際呢？對此問題，古代學者一般認爲漢承秦制，並多據後者的記載來校正本篇之缺漏訛誤。當代學人則更傾向於認爲本篇所述就是商鞅爵制的內容，而《百官公卿表》所言則是秦統一後乃至漢代的情況；他們爭議較多的是本篇之爵制究竟包括多少等級、爵稱等問題。在他們看來本篇的成書似乎是一個不言自明的問題，勿需討論。因此，與古代學人一樣，他們的論證也有先入爲主之嫌。

弄清爵制等級、名稱這些基本問題，是深入認識爵制其他問題的前提條件，也是判斷本篇成書的一個重要因素，因此辨明這些問題就顯得尤爲必要。

首先，「大庶長」爲「左、右庶長」之誤辨析

有學者懷疑本篇的「大庶長」是「左右庶長之訛」，〔註25〕還有人從古文字字形學的角度進一步證實此說，謂「大庶長」的「大」字原作𠂇，即𠂇又的合寫，𠂇又即左右。𠂇又以形似誤爲大。〔註26〕但是也有人質疑此說，認爲「大」是「左」「右」二字合文不可信，因爲古文字並無此例，故此處應以大庶長爲是。〔註27〕

結合相關文獻記載，我們更傾向於贊同第一說。其一，左、右庶長的存在是確定無疑之事。「左庶長」這一爵位，早在商鞅之前就有，商鞅之後也一直存在。如《史記·六國年表》記載，「（秦厲共公）二十六年（公元前 451年），左庶長城南鄭。」又如《史記·商君列傳》：「孝公以鞅爲左庶長，卒定變法之令。」商鞅變法之初爵位就是左庶長，秦昭王時名將白起最初亦爵拜

〔註23〕關於此處「四更」究竟作何解，各家看法不一。
〔註24〕「就爲大庶長。故大庶長，就爲左更。故四更也，就爲大良造」二十二字，各本均在下文「就正卿」下，俞樾主張當移於此處，注家多從其說。詳見俞樾：《諸子評議》之《商子》，北京：中華書局，1954 年 10 月上海初版，第402 頁。
〔註25〕朱師轍：《商君書解詁定本》，第 73 頁。
〔註26〕高亨：《商君書注譯》，第 150 頁注釋第 38。
〔註27〕李零：《〈商君書〉中的土地人口政策與爵制》，收入《李零自選集》，南寧：廣西師範大學出版社，1998 年 2 月第 1 版，第 193 頁注釋第 2。

左庶長，昭王四十年還有左庶長名王齕者。有左庶長必有右庶長，左、右是對稱的。一九四八年，陝西戶縣出土有秦右庶長封邑陶券，據陳直考證爲秦惠文君時所作。〔註 28〕此去商鞅初行變法僅二十多年，距商鞅死時不過三年多，故右庶長爵稱在商鞅時也應有之。其次，即使古文字中沒有左右訛誤爲大的用例，但《商君書》流傳千餘年，不能排除後世傳抄致誤這一人爲因素。

秦人稱「大庶長」者僅見於《史記‧秦本紀》，「寧公（憲公）卒，大庶長弗忌、威壘、三父廢太子而立出子爲君。」文獻中關於大庶長的記載僅此一例，頗爲可疑。而同一件事，《史記‧秦始皇本紀》篇末則記載如下：「庶長弗忌、威壘、三父三人率賊賊殺出子鄙衍，葬衙。武公立。」「三庶長伏其罪，德公立。」按，這一段材料是太史公從《秦紀》中抄錄的第一手資料，最爲可信。據此可知，弗忌、威壘、三父三人均爲庶長，《秦本紀》的「大」字疑爲衍文。

因此，我們認爲本篇的「大庶長」應改爲「左、右庶長」，這兩種爵稱在商鞅之時就已經存在。

其次，大良造爲最高爵辨析

本篇言爵制等級至大良造而止，有論者認爲本篇所述有遺漏，大良造之上還有列侯，因爲商鞅本人即拜列侯。但是此說不斷遭到學者的質疑，很多學者指出商鞅拜列侯一說不可信。《史記‧秦本紀》云：「二十二年（公元前 340 年）商鞅擊魏，虜魏將公子卬。秦封其爲列侯，號商君。」有論者考證認爲這條史料不可信，衛鞅被封爲商君，是封君，不是列侯。封君在戰國時各國都有，不屬軍功爵制的範圍。秦國出現侯爵，是在國君稱王以後，即在秦惠王以後才有，因此商鞅不可能被封侯。〔註29〕還有人進一步修正這一觀點，指出侯爵大概是秦昭王時增設的，而且最初獲此爵者寥寥可數。從性質上看，惠王、武王時代所封之蜀侯，當不屬賜爵制之列侯。而大量的授予侯爵如列侯、倫侯則是在秦始皇統一六國之後。〔註30〕

〔註 28〕陳直：《考古論叢‧秦陶券與秦陵文物‧一、秦右庶長歜封邑陶券》，《西北大學學報》，1957 年第 1 期，此文所引瓦書文字未加標點。陳先生在其《史記新證‧秦本紀》中對所引瓦書文字做了句讀，天津：天津人民出版社，1979 年 4 月第 1 版，第 14 頁。關於該瓦書詳情我們將在後文討論。

〔註 29〕朱紹侯：《軍功爵制試探》，上海：上海人民出版社，1990 年 1 月第 1 版，第 38～39 頁。

〔註 30〕胡大貴：《商鞅制爵二十級獻疑》，《史學集刊》，1985 年第 1 期。秦昭王時封侯者即魏人范睢，他於昭王四十一年爲秦相，封於應，號應侯。事見《史記‧

　　事實上，認爲《境內篇》所述爵制最高級止於大良造之說，從商鞅本人的經歷也能得到充分的證明。秦孝公六年（公元前 356 年），任命商鞅主持變法，授爵左庶長；十年（公元前 352 年），商鞅因變法成效顯著而爵拜大良造，〔註31〕此爵一直伴隨到商鞅去世。從孝公六年至十年這五年間，商鞅從左庶長升至大良造，爵遷六級。而從孝公十年至二十二年的十三年間，商鞅功績不勝枚舉，爲何一直未能得到升遷呢？商鞅對秦之功無人能比，尚且爵拜大良造而止，合理的解釋只能是當時秦爵止於大良造。換言之，大良造已經到頂，再無爵可賜。到秦昭王時期依然如故，如名將白起，自昭王十五年爲大良造後，雖屢建戰功，直到二十九年封爲武安君，前後歷十四年而爵位一直是大良造，未見晉級。白起的經歷更可說明雖然秦昭王時已增設列侯爵級，但要想爵拜列侯也非易事。事實上，到秦始皇在位時，這種局面仍未改變，大將王翦亦云：「爲大王將，有功終不得封侯」。〔註32〕

　　值得注意的是，《境內篇》所說的「大良造」，《百官公卿表》則稱「大上造」。《境內篇》的記載在傳世文獻及秦器中都得到印證，如惠文王時陰晉人公孫衍爲大良造、秦昭王時爵拜大良造的白起〔註33〕；秦孝公十三年的大良造鞅戟、十六年大良造鞅鐓〔註34〕、十八年方升銘文有「大良造鞅」字樣〔註35〕等。上述事例表明從商鞅變法直到秦始皇時期商鞅爵制中只有「大良造」而無「大上造」，後者可能是秦統一後或漢代所定的爵稱，故司馬貞《索隱》謂「大上造」之稱「或後變其名耳」，確有一定道理。

　　綜上所述，我們認爲從爵制的等級及名稱來看，《境內篇》所述與商鞅時期的爵制若合符契。由此看來，本篇的成書應在商鞅變法期間。下面我們再來比較本篇與《漢書·百官公卿表》所述爵制，看看二者之間究竟是怎樣的關係。

　　　　范睢列傳》。秦統一前的封侯者詳見楊寬：《戰國史》附錄二《戰國封君表》，第 693～695 頁。

〔註31〕《史記·秦本紀》與《商君列傳》皆云，商鞅爵拜大良造後，將兵圍魏安邑，降之。《秦本紀》更云時在孝公十年，即公元前 352 年。

〔註32〕《史記·白起王翦列傳》

〔註33〕以上兩例分別見於《史記·秦本紀》和《史記·白起王翦列傳》。

〔註34〕參見李學勤：《戰國時代的秦國銅器》，《文物》，1957 年第 8 期。

〔註35〕郭沫若：《兩周金文辭大系圖錄考釋》下冊，上海：上海書店出版社，1999年 7 月第 1 版，第 250～251 頁。

我們一般所說的二十等爵制主要是根據《漢書·百官公卿表》，具體如下：「爵：一級曰公士，二上造，三簪裊，四不更，五大夫，六官大夫，七公大夫，八公乘，九五大夫，十左庶長，十一右庶長，十二左更，十三中更，十四右更，十五少上造，十六大上造，十七駟車庶長，十八大庶長，十九關內侯，二十徹侯。皆秦制，以賞功勞。徹侯金印紫綬，避武帝諱，曰通侯，或曰列侯，改所食國令長名相，又有家丞、門大夫，庶子。」〔註36〕其中第一級到第四級是士，第五級到第九級是大夫，第十級到第十八級是庶長。庶長相當於卿。根據《後漢書·百官志》劉昭注和《資治通鑒》胡三省注卷一引劉劭《爵制》，第十九級和第二十級相當於諸侯。

仔細對比《境內篇》和《漢書·百官公卿表》的材料，就會發現二者所述爵制區別如下：

第一，從級別數量上看，前者只有十四個等級，後者則是二十個級別。即使按照一些學者的理解，即從左更到大良造之間尚有中更、右更兩個爵等〔註37〕，前後加起來共十六級，這樣與後者還差四個爵級。

第二，在最高爵級上，兩者的爵稱和次序皆差別較大。前者止於大良造，而後者則改稱良造為上造，在大上造之前出現少上造，大上造位列第十六級，級別亦較高，但其上還有駟車庶長、大庶長、關內侯、徹侯四等。

兩者相較，《百官公卿表》所言爵制無疑更具系統性，也更為完備；而《境內篇》則略顯粗糙和原始。《境內篇》的爵制產生較早，而且從商鞅變法一直延續到秦統一前夕；《百官公卿表》則包括秦統一之後的爵制內容。古人所謂「漢承秦制」的觀點，嚴格來講並不算錯，只是秦制本身也有一個發展變化的過程，《境內篇》恰巧提醒我們關注到這一點。

不過根據《境內》篇，一級到十六級都已完備。二十等爵即使在商鞅時代尚未定形，但其較大的等級分野及基本體系成於商君之手，大概是不必懷疑的。

〔註36〕班固：《漢書卷十九·百官公卿表第七》，中華書局點校本。

〔註37〕俞樾認為「此四字乃三字之誤。三更者，並左更、中更、右更而數之也。」這樣以來自五大夫以上至大良造的爵稱及順序就清楚了，即十級左庶長，十一級右庶長，十二級左更，十三級中更，十四級右更，十五級少良造，十六級大良造。與班書所記相應的爵稱和順序吻合，只不過《境內篇》只有十六級，「少良造」之爵文獻缺略。

二、從行文風格及內容來看，本篇與睡虎地秦簡律文和商鞅的法令條文非常近似，應屬於當時的法律條文。

《境內篇》開篇所云「四境之內，丈夫、女子皆有名於上。生者著，死者削。」在秦簡中也得到印證。如《法律答問》有律文謂「何謂『匿戶』及『敖童弗傅』？匿戶弗徭、使，弗令出戶賦之謂也。」〔註38〕什麼是「匿戶」及「敖童弗傅」，答曰：就是隱瞞人戶，不徵發徭役，不加役使，也不命繳納戶賦。敖童即達到傅籍年齡的成童，秦簡《傅律》〔註39〕專門規定對隱匿敖童者的處罰。這些法律條文說明秦國的戶籍制度是非常嚴格的，《境內篇》所言屬實。

篇中曰：「爵自一級已下至小夫，命曰校徒操，出公爵；自二級已上至不更，命曰卒」。〔註40〕徵之秦簡，可知其言不誣。秦簡《游士律》云：「有為故秦人出，削籍，上造以上為鬼薪，公士以下刑為城旦。」〔註41〕由此律文可知，秦的爵等的確是分不同層次的，在最低等的公士之下尚有相關人等。「公士以下」即相當於本篇「爵自一級已下」。又如秦簡《秦律雜抄》有簡文云：「徒卒不上宿，署君子、屯長、僕射不告，貲各一盾。宿者已上守除，擅下，人貲二甲。」〔註42〕其中，「徒卒」應指爵位在二級以上至不更的低爵者。關於「卒」，秦律中也特意規定：「縣毋敢包卒為弟子，尉貲二甲，免；令，二甲。」〔註43〕由於卒是爵在二級至四級的軍士，而藏卒為（吏之）弟子是逃避兵役的行為，因此負責此事的縣尉和縣令都要受到懲處。

如本篇講攻城時將軍與監軍者登高臺觀望，根據士兵的表現評定其作戰等級，其文曰：「其先入者，舉為最啟；其後入者，舉為最殿。」類似的行文風格在睡虎地秦簡中俯拾皆是，如《秦律雜抄》中對手工業產品的質量檢查，「省殿，貲工師一甲，丞及曹長一盾，徒絡組廿給。」〔註44〕若產品被評為下等，工師、丞及曹長、徒要受相應處罰。另外漆園、採礦等被考覈為下等，相關負責人均要受罰。〔註45〕不僅如此，連耕牛和軍馬也要進行課考。如《廄苑律》規定在每年的四月、七月、十月和正月評比耕牛，「卒歲，以正月大課

〔註38〕 《睡虎地秦墓竹簡》，第222頁。
〔註39〕 《睡虎地秦墓竹簡》，第143頁。
〔註40〕 此處的斷句暫不說明，下文將專門討論。
〔註41〕 《睡虎地秦墓竹簡》，第130頁。
〔註42〕 《睡虎地秦墓竹簡》，第144頁。
〔註43〕 《睡虎地秦墓竹簡》，第131～132頁。
〔註44〕 《睡虎地秦墓竹簡》，第136頁。
〔註45〕 詳見《睡虎地秦墓竹簡》之《秦律雜抄》徵引的兩條律文，第138頁。

之，最，賜田嗇夫壺酒束脯，爲皂者除一更，賜牛長日三旬；殿者，誶田嗇夫，罰冗皂者二月。」〔註46〕這裡是說耕牛如果考覈爲優，會給予田嗇夫及牛長等人獎賞；反之，若考覈最差，他們就要受罰。專供乘騎的軍馬到軍中也要進行考覈，「馬殿，令、丞二甲；司馬貲二甲，廢。」〔註47〕如果考覈不合格，縣令、丞及主管軍事的司馬要受不同程度的懲罰。上述規定從本質上講就是在課考功績，遵循論功行賞、賞罰分明的法治原則。

文中所謂「其戰，百將、屯長不得斬首；得三十三首以上，盈論，百將、屯長賜爵一級」云云，在秦簡中亦有明證。其中前半句與雲夢秦簡《秦律雜抄》中一律文適相呼應，該律云：「故大夫斬首者，遷。」〔註48〕即本爲大夫而在陣前斬首，應加流放。此亦足證《境內篇》所言不虛。此段後半句則與《屯表律》的一條規定構成正反對比，其文謂：「軍新論攻城，城陷，尚有樓未到戰所，告曰戰圍以折亡，假者，耐；屯長、什伍知弗告，貲一甲；伍二甲。」〔註49〕文謂軍中就最近攻城的功績論賞，如有城陷時遲到沒有進入戰場，報告說在圍城作戰中死亡而弄虛作假的，應處耐刑；屯長、同什的人知情不報，罰一甲；同伍的人，罰二甲。簡文主要是講在戰後論功行賞時屯長如有失誤應受的處罰，與《境內篇》屯長因戰功受爵賞剛好說明了一個事物的兩個方面。

本篇明確指出根據戰場斬首的多少來評定軍功的大小，在秦簡中也出現了軍士之間爭奪斬首的案例。如《封診式》「奪首」條，軍戲某爰書：某里士伍甲縛詣男子丙，及斬首一，男子丁與偕。甲告曰：「甲，尉某私吏，與戰邢丘城。今日見丙戲㢑，直以劍伐痍丁，奪此首，而捕來詣。」〔註50〕這條律文是講無爵位的男子丙搶奪丁於邢丘之役所斬敵首之事，而《封診式》是對案件進行調查、檢驗、審訊等程序的文書，其中包括了各類案例，以供有關官吏學習，並在處理案件時參照執行。故所收案例多具有典型性和普遍性。可見當時軍士之間搶奪斬首的現象非常普遍。作爲無爵位的丙和丁，在戰場斬獲敵首是他們立功獲爵的主要渠道。

總之，從內容來看，《境內篇》顯然主要說的是軍功爵。從本篇敘述爵制的方式來看，它更像一種具體的規定，包括具體作戰所受賞罰也是事無巨細，

〔註46〕 《睡虎地秦墓竹簡》，第 30 頁。
〔註47〕 《睡虎地秦墓竹簡》之《秦律雜抄》，第 132～133 頁。
〔註48〕 《睡虎地秦墓竹簡》，第 131 頁。
〔註49〕 《睡虎地秦墓竹簡》，第 145 頁。
〔註50〕 《睡虎地秦墓竹簡》，第 256～257 頁。

規定得詳盡明白，非常便於實際操作。全篇自始至終貫穿著「有軍功者各以率受上爵」的原則，這也是商鞅變法的指導思想。如本篇有云：「其戰也，五人來簿爲伍，一人羽而輕其四人，能人得一首則復。」即是說在作戰時五人要相互擔保，一人有罪，其他四人也要受罰；一人立功，則其餘四人皆可免罪。這其實就是對商鞅「令民爲什伍，而相牧司連坐」〔註51〕這一法令的具體注解。篇中按照斬首多少評定軍功並授以相應爵等的做法，與文獻中所說「商君之法：斬一首者爵一級」也是一致的。

綜上所述，與《墾令篇》相同，《境內篇》也是《商君書》中文字簡單質樸的幾篇之一，通篇都是法律條文。該篇與《徠民》等政論文風格迥異，這也非常符合商鞅作爲一個政治家的身份。可以說《境內》、《墾令》兩篇是商鞅農戰政策的具體舉措。

第三節　「邊利盡歸於兵，市利盡歸於農」──《外內篇》

一、《外內篇》爲《商君書》篇目辨析

由本篇內容可知，所謂「外內」就是指外事和內務。外事指對外作戰，內事指在國內務農。本文集中論述了作者重視農戰的政策。由於《韓非子‧南面篇》曾云：「人主者明能知治，嚴必行之。故雖拂於民心，（必）立其治。說在商君之《內外》而鐵殳重盾而豫戒也。」關於此句是否指《商君書》之《外內篇》，在學者間頗有爭議。

羅根澤認爲所謂「商君之《內外》者，即《商君書‧外內篇》也。」〔註52〕韓非所謂「鐵殳重盾而豫戒」是說使民持殳操盾準備戰爭。容肇祖亦主此說，他更明確指出「這《外內篇》以爲外事輕法不可以使，內事輕治不可以使，與《南面》所說『嚴必行之』相合」，故而斷定《外內篇》大約爲最早本《商君書》內所有的。

而以治《韓非子》聞名的陳奇猷卻認爲「內外」是出入之意，不是篇名，他主要依據《史記‧商君列傳》的記載，「趙良曰：『君（指商鞅）之出也，後車十數，從車載甲，多力而駢脅者爲驂乘，持矛而操闒戟者旁車而趨，此

〔註51〕《史記‧商君列傳》
〔註52〕羅根澤：《商君書探源》，見羅氏編著：《古史辨》第六冊。

一物不具，君固不出。』蓋即此所謂『商君之內外而鐵殳，重盾而豫戒也。』」
〔註53〕顯然，由於對此句的理解不同，二人的斷句也是有別的。

　　還有學者質疑「農戰」爲法家根本之論，自不足以據此言韓非所本者乃
爲《外內》一篇。縱使韓非所引確爲《外內》篇，但韓非處在「藏商、管之
法者家有之」的秦境中，竟有篇名誤記之事，則當時秦國知識界，所能見的
《商君書》（如已結集）版本，與今人所見版本，究有多少相同之處，實所難
言。〔註54〕

　　我們同意羅根澤的觀點，即認爲《南面篇》所述說的「商君之內外」正
是指《商君書‧外內篇》。要證明這一點，關鍵在於核實《南面篇》此句的意
思與《外內篇》的內容有無內在聯繫。《南面篇》主要論述君人南面之術。單
從句式特點來看，「說在……」這一句式在《韓非子》內外儲說中習見，主要
用來列舉前言往行。〔註55〕因此「說在商君之內外而鐵殳重盾而豫戒」或指
商鞅之言論或者商鞅之行爲，我們尚且不能排除這兩種可能。然而從上下文
義來看，「商君之內外而鐵殳重盾而豫戒也」一句所在段落從正反兩方面來論
證人主之知治。其文曰：「凡人難變古者，憚易民之安也。夫不變古者，襲亂
之迹；適民心者，恣姦之行也。民愚而不知亂，上懦而不能更，是治之失也。
人主者，明能知治，嚴必行之，故雖拂於民心，必立其治。說在商君之《內
外》，而鐵殳重盾而豫戒也。」商鞅重法主張變革是韓非所熟知的，商鞅實行
法治，驅民農戰正是「拂於民心」之舉。《外內篇》開篇即言：「民之外事，
莫難於戰，故輕法不可以使之。」「民之內事，莫苦於農，故輕治不可以使之。」
從內容上看，《外內篇》主要論述了重戰、重農兩大政策。重戰是爲了對外，
重農則是對內，所以才用「外內」二字名篇。篇題「外內」二字的含義應指
戰和農，故外內即農戰。

　　此外，《商君書》他篇也多次提到民眾的本性是貪生圖名的，只有用重刑
厚賞才能驅使他們爲國家拼死戰鬥、努力墾荒。兩者相較，商鞅的重戰政策

〔註53〕陳奇猷：《韓非子新校注》，第 337 頁。
〔註54〕馮樹勳：《從商君書輯定年代看古籍整理的幾項要素》，《書目季刊》第 38 卷
　　　　第 3 期。
〔註55〕如《外儲說左上》「挾夫相爲則責望，自爲則事行。故父子或怨譟，取庸作者
　　　　進美羹。說在文公之先宣言與句踐之稱如皇也。」《外儲說左下》：「臣以卑儉
　　　　爲行，則爵不足以觀賞；寵光無節，則臣下侵偪。說在苗賁皇非獻伯，孔子
　　　　議晏嬰。」《外儲說右上》：「是以好惡見則下有因，而人主惑矣；辭言通則臣
　　　　難言，而主不神矣。說在申子之言「六慎」，與唐易之言弋也。」

更爲突出。《孟子・梁惠王上》所謂「王如施仁政於民，省刑罰，薄稅斂，深耕易耨，壯者以暇日修其孝、悌、忠、信，入以事其父兄，出以事其長上」的言論顯然屬於商鞅和韓非共同批判的「適民心」、「恣姦之行」，乃不知治者。

再退一步說，《史記・商君列傳》趙良說商鞅出入嚴密防護之舉，乃強調商鞅的處境非常危險，需時刻防範；並不是說他靠「鐵殳重盾」來實行變法。商鞅變法上有秦孝公的支持，主要是通過屬行法治來推行的。

因此，我們認爲《韓非子・南面篇》所指的正是《外內篇》。本篇與《農戰》等篇應是《商君書》中最早的篇目。

二、《外內篇》成書辨析

有論者認爲本篇是一種論著。主旨在「邊利盡歸於兵，市利盡歸於農。」此雖與商鞅的行事相合，然通篇意簡而文清，極少脫誤，不像商鞅所作。且在秦未統一前的戰國時代，以「邊利」爲兵事之用語的極少。到漢代統一以後間有邊患，常有人言邊事。因此我疑本篇是西漢法家者流如晁錯等的作品，後人以其主張與商鞅相近，遂誤編入本書。〔註 56〕

案，言邊事早在戰國時期即已習見，不必晚至漢代。春秋時期各國的邊境地區一般是不駐守軍隊設防的，而到了戰國時期，由於兼併戰爭的頻仍，各國都在加緊邊防駐軍，如《史記・李牧列傳》記載戰國末年駐守趙國北部邊防的大將李牧，因「市租皆輸入莫（幕）府，爲士卒費」而甚得軍心。《尉繚子・武議篇》〔註 57〕云：「夫出不足戰，入不足守者，治之以市。市者，所以給戰守也。萬乘無千乘之助，必有百乘之市。」意謂那些對外無力作戰、對內無力搞好防守的國家，就應該治理好市場。市場交易即可換取財貨，來供應作戰和防守的用具。萬乘之國如果沒有千乘之國的援助，就一定要有百乘之國那樣的市場交易來提供軍備給養。戰國時期在軍隊駐地附近已經產生了軍市，由於邊防駐軍的出現，邊地也產生了軍市和普通市場。《武議篇》所言之市利應爲「邊利」之一，該篇所言即《外內篇》「邊利盡歸於兵」之義。至於論者所謂「通篇意簡而文清，極少脫誤，不像商鞅所作」之語，則顯係揣測之辭，不足爲據。

從本篇內容來看，篇中主張與《墾令》、《農戰》兩篇最爲接近，應爲商鞅所著。

〔註 56〕陳啓天：《商鞅評傳》，第 133 頁。

〔註 57〕自 1972 年山東臨沂銀雀山漢墓出土了《尉繚子》殘卷後，今傳本《尉繚子》
　　　　爲先秦古籍當無疑義。前文業已指出《尉繚子》成書應在戰國中期。

《外內篇》有言：「故曰，欲富其國者，境內之食必貴，而不農之徵必多，市利之租必重，則民不得無田，無田不得不易其食。食貴則田者利，田者利則事者眾。食貴糴食不利，而又加重徵，則民不得無去其商賈技巧而事地利矣，故民之力盡在於地利矣。」此處驅民於農的舉措與《墾令篇》「使商無得糴，則多歲不加樂」、「饑歲無裕利」以及「貴酒肉之價，重其租，令十倍其樸」等抑商的做法是完全一致的。高亨認為此篇是商鞅親著的，由此看來確為不刊之論。

《外內篇》與《農戰篇》都是說農戰的。《農戰篇》以為：「國之所以興者農戰也。」《外內篇》則云「民之外事，莫難於戰」、「民之內事，莫苦於農。」《農戰篇》指出治民應壹民於農戰，授官予爵皆從之；否則，若不以農戰得官爵，國家就會衰落。其文曰：「今境內之民，皆曰農戰可避，而官爵可得也。是故豪傑皆可變業，務學詩書，隨從外權，上可以得顯，下可以求官爵。要靡事商賈、為技藝，皆以避農戰。……民以此為教，其國必削。」而本篇亦認為必須採取重刑厚賞的方式才能驅民從事農戰，同時還要禁絕其他不利於農戰的所謂「淫道」，謂：「故欲戰其民者，必以重法。賞則必多，威則必嚴，淫道必塞。為辯知者不貴，游宦者不任，文學私名不顯。賞多威嚴：民見戰賞之多，則忘死；見不戰之辱，則苦生。賞使之忘死，而威使之苦生，而淫道又塞，以此遇敵，是以百石之弩射飄葉也，何不陷之有哉？」「苟能令商賈、技巧之人無繁，則欲國之無富，不可得也。故曰：欲富其國者，境內之食必貴，而不農之徵必多，市利之租必重。」「故為國者，邊利盡歸於兵，市利盡歸於農。邊利歸於兵者彊，市利歸於農者富。故出戰而彊，入休而富者，王也。」有論者據此判斷這兩篇的內容相合。〔註58〕《外內篇》「重刑厚賞」的主張也是商鞅的一貫主張。

《外內篇》云：「民之內事莫苦於農，故輕治不可以使之。奚謂輕治？其農貧而商富，故其食賤而錢重。食賤則農貧，錢重則商富；末事不禁，則技巧之人利而游食者眾之謂也。故農之用力最苦，而贏利少，不如商賈技巧之人。」其中「食賤則農貧」的說法，與《漢書·食貨志》：「李悝曰：『糴甚賤傷農，農傷則國貧。』」可謂如出一轍。而本篇關於重農抑末的思想也與《墾令》、《農戰》兩篇別無二致。

《外內篇》：「是謂設鼠而餌以狸也，亦不幾乎！」劉如瑛認為此處的「設」

〔註58〕 容肇祖：《商君書考證》，《燕京學報》第二十一期。

當為「誘」之形誤，因為設並無誘取之義〔註59〕。該句與《農戰篇》:「我不以貨事上而求遷者，則如以貍餌鼠爾，必不冀矣。」文意略同。

《外內篇》曰:「奚謂淫道？為辯知者貴，游宦者任，文學私名顯之謂也。」此兼拒儒、墨與縱橫之說也。秦國雖崇尚法家之道，但其他學派在秦境之內亦不乏徒眾，惜一直未獲重用。即以儒家言之，戰國後期的荀子曾到過秦國，他曾慨歎秦國無儒。事實上，荀子的說法並不足為據。白儒家成為顯學以來，其徒眾在各國分佈甚廣，秦國有儒明明甚顯。如商鞅在世時對其進諫的名士趙良，持論多「恃德者昌」之類的儒家言。秦始皇焚書坑儒，更說明秦國絕不乏儒。另據《史記·叔孫通傳》，叔孫通在「秦時以文學徵，待詔博士。……通之降漢，從儒生弟子百餘人，……弟子皆曰:『事先生數歲……』」由此觀之，荀子說秦國無儒，應是從儒士不受秦士重用的角度而言的。《商君書》中不時流露出對儒家、儒者的責難，也就是白然之事。

綜上所述，本篇的作者應是商鞅本人。

第四節　緣法而治，君尊民服——《君臣篇》

所謂「君臣」就是君主和臣民。本篇主要論述了國君統治臣民的方法，即通過「列貴賤，制爵位，立名號」來明確尊卑等級名分，從而確立君主的至尊地位，「分五官」即設立官僚機構來分別處理各種具體事務，建立法治，論功行賞。全篇特別強調了君主的至尊地位及法治的重要性。

一、《君臣篇》成書辨析

關於本篇的成書，論者之間分歧較大。有認為本篇成於商鞅之手的，如陳啓天即指出本篇主旨在「緣法而治，按功而賞」，使民不得遊食談說而去農戰，可說與商鞅的思想完全相合。然行文清暢，究為商鞅所作，抑為戰國末期「法家者流掇鞅餘論以成」，未能斷定，只可視為商鞅所作。〔註60〕

但也有論者認為本篇成書偏晚，有主張成於秦昭王時期者，如容肇祖。由於《君臣》與《慎法》二篇都主張明法制、慎刑賞，注重農戰，視農戰為國家強弱的樞紐。他據此認為這兩篇與《農戰》大約都是出於一手的；而《農戰》與《去彊》又頗有關係，《去彊》與《弱民》等篇的成書不早於秦昭王三

〔註59〕劉如瑛:《諸子箋校商補》，第 193 頁。
〔註60〕陳啓天:《商鞅評傳》，第 133 頁。

十年。換言之,《君臣》、《慎法》兩篇成書偏晚,作者不可能是商鞅。〔註61〕

還有論者認爲本篇作於秦統一天下前後,其主要依據是本篇對「義」的論述。論者指出在《商君書》的早期作品中,主要關注的是儒家的「仁」;後來則是「仁」、「義」同時並舉;《君臣篇》則只提「義」,將「仁」字捨置一旁,而儒家學派把思想重點放在「義」上是在孟子的時代,因此應當是商鞅學派第三階段即秦統一天下前後的作品。〔註62〕

案,以上諸說各有道理,如第一、第二兩說注意到本篇與《農戰》、《慎法》的相同之處,值得我們借鑒。但以本篇「行文清暢」而懷疑其作者非商鞅,則有待商榷。另外,我們在前文考察《農戰》、《去彊》等篇的成書時已經指出,這兩篇皆出自鞅手,而《弱民篇》則是商鞅去世後不久的某位及門弟子所作。 因此,論者據此判斷本篇成書於秦昭王時期的說法也不足信。本篇對「義」的論述並不突出,全篇只是說聖人「列貴賤,制爵位,立名號」的目的是爲了「別君臣上下之義」,此「義」更強調君臣上下的等級和名分,與孟子所謂「義」的概念有一定距離,故以此爲據而立說也成問題。

我們認爲只有深入分析全文,才能對本篇的成書做出符合實際的解答。

首先,從徵引古語及「五官」等用語來看,本篇成書於商鞅之時也並非不可能。

本篇云:「臣聞:道民之門,在上所先。故民可令農戰,可令游宦,可令學問,在上所與。上以功勞與則民戰,上以《詩》、《書》與則民學問。民之於利也若水於下也,四旁無擇也。民徒可以得利而爲之者,上所與也。」其中「臣聞:道民之門,在上所先」一語還見於《管子·牧民篇》,其文曰:「御民之轡,在上所貴;道民之門,在上所先;召民之路,在上之所好惡。」一般認爲《牧民篇》在《管子》一書中屬「經言」類首篇,最能體現《管子》的政治思想,是全書論述爲政的綱領,其成書相對較早,大約在春秋末至戰國早期。〔註63〕果如此,則我們認爲《君臣篇》之語有可能抄襲了《牧民篇》這一句,並對此句做了刪改。當然也不排除「道民之門,在上之所先」是春秋時期管仲的治國名言,因流傳甚廣,所以《商君書》和《管子》皆有記述。

〔註61〕 容肇祖:《商君書考證》,《燕京學報》第二十一期。

〔註62〕 鄭良樹:《商鞅及其學派》,第 121~123、第 155 頁。

〔註63〕 張固也:《〈管子〉研究》,濟南:齊魯書社,2006 年 1 月第 1 版,第 71~76 頁。

　　另外，本篇還有所謂「五官」的提法，其文曰：「古者未有君臣上下之時，民亂而不治。是以聖人列貴賤，制爵位，立名號，以別君臣上下之義。地廣民眾萬物多，故分五官而守之。」這裡的「五官」一詞在先秦文獻中多見，但各家說法不一。上古時代的五官，據《左傳》昭公十七年傳曰：「祝鳩氏司徒也，鴡鳩氏司馬也，鳲鳩氏司空也，爽鳩氏司寇也，鶻鳩氏司事也，五鳩，鳩民者也。」可見這裡的「五官」當指司徒、司馬、司空、司寇、司事；而《左傳》昭公二十九年傳云：「五行之官是謂五官。木正曰句芒，火正曰祝融，金正曰蓐收，水正曰玄冥，土正曰后土」，此並古五官之別制，與周代諸侯國五官之名不同。《史記·周本紀》云：「古公作五官有司。」《集解》引《禮記》曰：「天子之五官曰司徒、司馬、司空、司士、司寇，典司五眾。」鄭玄曰：「此殷時制。」瀧川資言考證曰：「……《綿》篇云乃召司空，乃召司徒，未嘗云五官有司，蓋史公以意增。」〔註64〕《大戴禮記·千乘篇》云：「□乘之國，列其五官。」《曾子問》：「諸侯適天子，乃命國家五官而後行。」鄭注云：「五官，五大夫典事者。」《管子·大匡篇》：「乃令五官行事。」《禮記·曲禮》：「天子之五官，曰司徒、司馬、司空、司士、司寇，典司五眾。」《禮記·檀弓》孔疏引崔靈恩說，謂小宰、小司徒、小司馬、小司寇、小司空是也。蓋諸侯雖止三卿，然亦備五官，但其二官無卿耳。戰國時，諸侯蓋猶沿其制。〔註65〕

　　總之，上述「五官」之說可謂眾說紛紜，然無論「五官」究竟所指為何，聖人分五官而治民事的做法則應淵源有自，所以商鞅本人有這樣的說法也不奇怪。

　　其次，本篇強調治國應重賞農戰、反對專任智慧名譽，這一主張與《農戰》、《去彊》等篇完全一致。本篇主張治國應重賞農戰，其文曰：「明王之治天下也，緣法而治，按功而賞。凡民之所疾戰不避死者，以求爵祿也。明君之治國也，士有斬首捕虜之功，必其爵足榮也，祿足食也；農不離廛者，足以養二親，給軍事〔註66〕。故軍士死節，而農民不偷也。」這與《農戰篇》以爵賞驅民農戰的主張是一致的。此外，作者還反對治國專任智慧

〔註64〕瀧川資言：《史記會注考證》，第 237 頁。
〔註65〕孫詒讓：《墨子閒詁》卷六節葬下，北京：中華書局，2001 年 4 月第 1 版，第174～175 頁。
〔註66〕嚴校本原文作「治軍事」，蔣禮鴻認為當是「活妻子」三字草書之訛誤；簡書認為「治軍事」是指「古寓兵於農，車甲及馬，均惟農民取給。薪芻供億，猶其餘事。」高亨也認為「治軍事」的主語是農，治當作給，形似而誤。給軍事言供給軍隊所需之糧草等物。比較而言，似應以高說為是。

名譽，是篇謂：「今世君不然，釋法而以知，背功而以譽，故軍士不戰而農民流徙〔註 67〕。」《農戰篇》亦云：「國好言談者削」、「上論材能知慧而任之」，則「官無常，國亂而不壹」。本篇所反對的「瞋目扼腕而語勇者得，垂衣裳而談說者得，遲日曠久積勞私門者得」這三類人，與《墾令》、《農戰》等篇所說的「五民」和「六蝨」也是相符合的。

復次，本篇強調法治的重要性，這和商鞅本人的主張非常接近。本篇云：「民眾而姦邪生，故立法制、為度量，以禁之。」作者主張「明主之治天下也，緣法而治，按功而賞。」同時從反面論證指出「釋法制而任名譽」是造成「國亂而地削，兵弱而主卑」的根本原因。篇末總結全文，謂「故明主慎法制，言不中法者，不聽也；行不中法者，不高也；事不中法者，不為也。」反之，則辯之、高之、為之。謹慎法制是「為人君者不可不察」的。商鞅在秦國主持變法運動，他對法治的重視是不言而喻的。

綜上所述，我們認為《君臣篇》的作者應是商鞅。

二、獨特的君、臣關係論——君臣之義

《君臣篇》首先從社會發展的角度論證了君、臣關係的合理性，其文云：「古者未有君臣上下之時，民亂而不治。是以聖人列貴賤，制爵位，立名號，以別君臣上下之義。地廣民眾物多，故分五官而守之。民眾而姦邪生，故立法制為度量以禁之。」這就是說，君、臣、民上下的區分是聖人為解決民亂而不治的局面而設立的，由於民事繁雜，故聖人又分立五官來協助君主治民。又由於民和臣為數眾多，難免產生姦邪，不利於君主的統治，因此聖人還制定法制來禁絕。這種論證的思路與《開塞篇》論述君主必須專任法治可謂如出一轍，都是著眼於人類社會發展的具體需要。君是很早就有的，君、臣、民的區分是聖人為解決「民亂而不治」的弊病而制定的，由於民事繁雜，聖人又設置五官來幫助君主治理；又為了消滅民眾的姦邪，聖人設立法制作為衡量善惡的標準來禁止姦邪的行為。

其次，在君臣關係中，該篇特別強調了君主的至尊地位與法制的重要性。該篇認為「處君位而令不行，則危；五官分而無常，則亂；法制設而私善行，則民不畏刑。君尊則令行，官修則有常事，法制明則民畏刑。」如果君主不能保持至尊的地位，就不能做到令行禁止；而法令不行，也就談不上君主的

〔註 67〕「流徙」二字嚴校本原作「流徒」，王時潤據崇文本作「徙」而改正，茲從其說。

權威。由此可見，「君尊」既是依法治民的前提，也是其結果。實際上是一種「勢」、「法」並重的主張。

最後，該篇又從尊君的角度對君主如何運用「勢」和「法」提出了具體的舉措。該篇指出：「道民之門，在上所先。」作爲一個君主，只有把握好引導民眾的根本才能治理好國家。

在戰國諸子中，集中討論君臣關係的還有《管子·君臣篇》和《荀子》之《君道》、《臣道》。從具體內容和論證方式來看，與《商君書·君臣篇》的君、臣關係論最爲接近的當屬《管子·君臣篇》，此篇分上、下，內容駁雜。《君臣下》曰：「古者未有君臣上下之別，未有夫婦妃匹之合，獸處群居，以力相征。於是智者詐愚，強者淩弱，老幼孤獨不得其所。故智者假眾力以禁強虐，而暴人止。爲民興利除害，正民之德，而民師之。」「爲人君者，倍道棄法而好行私，謂之亂。」《君臣上》云：「是故有道之君，上有五官以牧其民，則眾不敢踰軌而行矣，下有五橫以揆其官，則有司不敢離法而使矣。」這裡也主張君主設五官以分職牧民，同時又用「五橫」來約束「五官」，防止官員背法徇私。據學者考證，《管子·君臣篇》成於戰國中期，《君臣》上下兩篇均繫長篇大論，反映的是齊法家君、臣分工的觀點。〔註68〕

《荀子》對君臣關係也有專論，即《君道》、《臣道》，這兩篇亦屬長篇巨帙。與《商君書·君臣篇》相比，其內容與寫作均有不同：《荀子》將君道、臣道分而言之，而《君臣篇》則綜論君、臣之間的諸種政治關係；《君道》、《臣道》均引古今歷史故事作爲其立論之基，而《君臣篇》更多採取邏輯論證的方式，認爲君臣行法制是爲了應對「民亂而不治」的局面而產生的，古今同理；荀子論述君、臣之道其立足點是儒家學說，而後者則是法家思想。

由上可知，《管子》、《荀子》二書對君臣關係的論述更側重於君、臣兩個層面，他們關注的主要是國君與大臣之間的關係。比較而言，《商君書·君臣篇》對於君臣關係的論述更爲特殊。在《君臣篇》中的「君臣」包括君、臣、民三個層次，國君設五官之分來管理民眾，立法制以禁姦邪、賞功勞。相對於五官而言，君更專任法制，因爲臣、民皆欲蔽主。這種論證思路完全是政治的、務實的，較少學術的思辨性，偏重於政道而非治道。

〔註68〕胡家聰：《管子新探》，北京：中國社會科學出版社，1995 年 5 月第 1 版，第 288 頁。

第五節　勢與數——《禁使篇》

所謂「禁」即用刑罰禁止人們作姦犯罪，而「使」即用賞賜促使人們致力於農戰立功。篇題「禁使」即賞罰，是取篇首中的兩個字而成，並不足以概括全篇。全文討論的主要問題是如何利用「勢」和「數」來治理臣民。

一、關於《禁使篇》成書的幾種觀點

學者多認爲本篇成書偏晚，但具體看法則不盡相同。歸納起來，主要有三種觀點：

（一）本篇是商鞅或法家者流掇鞅餘論而作。有論者指出本篇的主旨即用「事合利異以相監的方法，使其勢難匿，而便於論功察罪」，與商鞅相合。因爲商鞅曾爲秦相，對於察吏的方法，當有所考究；但其中所謂「勢數」、「恃其勢」、「託其勢」和「貴勢」等語，好像與愼子所謂「勢」相近。然仔細一考，則「別其勢，使其難匿」以便「稽驗」，又與申子所謂「術」相近。此篇究爲何人所作，難以斷定，可視爲商鞅所作，或「法家者流掇鞅餘論以成。」〔註69〕

（二）本篇作於秦統一天下之後。此論點的主要依據有二：其一，本篇所謂「置丞立監」，特別是監察官的設置是在秦統一天下之後；其二，本篇連用四個比喻，和成書較早的篇章明顯不同，卻與《荀子·勸學》之文相似，故作者可能在荀卿之後。〔註70〕

（三）本篇是秦末或漢初之人託於商鞅的僞作。其依據主要是篇中有云：「今恃多官眾吏，官立丞、監。」商鞅第二次變法，才設置縣令和縣丞。廣泛推行郡縣制是在秦始皇統一全國之後，因此本篇的批判顯然是針對郡縣官僚制度全國施行之後的流弊而發，故成書偏晚。〔註71〕

以上三說不乏合理之處，但也值得商榷。

二、《禁使篇》成書辨析

首先，從本篇所論之「勢」、「數」來看，確實與愼到、申不害的言論有相合之處，但不能排除商鞅本人也有類似的認識。本篇中對「勢」與「數」的論述在整部《商君書》中是極爲突出的，其文曰：「夫賞高罰下而上無必知

〔註69〕陳啓天：《商鞅評傳》，第133～134頁。
〔註70〕鄭良樹：《商鞅及其學派》，第123～126頁。
〔註71〕詹劍峰：《〈商君書〉辨僞》，《爭鳴》，1982年第3期。

其道也，與無道同也。凡知道者，勢、數也。故先王不恃其彊而恃其勢，不恃其信而恃其數。今夫飛蓬遇飄風而行千里，乘風之勢也。探淵者知千仞之深，縣繩之數也。故託其勢者雖遠必至，守其數者雖深必得。今夫幽夜，山陵之大而離婁不見；清朝日韇，則上別飛鳥，下察秋豪。故目之見也，託日之勢也。得勢之主〔註72〕，不參官而潔，陳數而物當〔註73〕。……故曰：其勢難匿者，雖跖不為非焉。故先王貴勢。」

此處先王所貴之「勢」，側重於指權勢、地位，這與慎到的「勢」論是一致的。前文曾經指出，慎子認為國君只有憑藉權勢，才能做到「令則行，禁則止」，「堯為匹夫，不能治三人；而桀為天子，能亂天下。吾以此知勢位之足恃而賢智之不足慕也。」〔註74〕當然，後文「風之勢」、「日之勢」則強調風和日的外力作用。慎到以貴勢著稱，稍晚於商鞅。然而，也不排除商鞅本人對「勢」早有認識。

「或曰：『人主執虛後以應，則物應稽驗，稽驗則姦得。』臣以為不然。夫吏專制決事於千里之外，十二月而計書以定事，以一歲別計而主以一聽見所疑焉，不可，蔽員不足。夫物至則目不得見，言薄則耳不得不聞；故物至則變，言至則論。」「故遺賢去知，治之數也。」

案，本篇所謂「人主執虛後以應，則物應稽驗，稽驗則姦得」的說法，與《韓非子‧定法篇》所云申不害之術的確有相通之處，其文曰：「術者，因任而授官，循名而責實，操生殺之柄，課群臣之能者也，此人主之所執也。」簡單地說，術就是手段，是人君駕馭臣民的權變之法，亦即所謂「君人南面之術」。對於這種「術」治本篇是反對的，作者認為所謂亂國，「恃多官眾吏，吏雖眾，（事）同體一也。夫（事）同體一者，相（監）不可。」即官吏雖然眾多，然而他們同樣擔任職務，站在同一立場。讓這樣的人彼此之間互相監視是不行的。因此還是主張治國應實行法治，只有通過賞罰才能禁姦邪、勸功勞。「故治國之制，民不得避罪如目不能以所見遁心。」「且夫利異而害不同者，先王所以為像也〔註75〕。」申不害的生活時代與商鞅最為接近，商鞅

〔註72〕原文作「至」，嚴可均改「至」作「主」，義長。注者多從之。
〔註73〕「當」猶治也。
〔註74〕《韓非子‧難勢篇》
〔註75〕此「像」字，馬宗霍以為與「侟」字形近而誤，「侟」為辟之古文，見於《玉篇》。辟者法也，先王所以為辟即先王所以為法。而蔣禮鴻則以諧聲求之，認為凡從象得聲之字皆有拘謹檢束之義，似先王所以為「像」即先王所以為謹，謂使民畏法不敢為姦也。見《商君書錐指》第134～135頁。案，無論「像」字作何解，

本人雖重法而不重術，但未見得不懂和不談術治。因此，由本篇所說的「勢」和「術」判斷，並不能排除商鞅本人。

其次，本篇中涉及到「置丞立監」之制是戰國時期各國普遍實行的一種重要的官僚制度，本篇作者對此提出質疑雖出人意料，但也不難理解。

此篇反對「置丞立監」的做法，作者認為「夫置丞立監者，且以禁人之為利也，而丞、監亦欲為利，則何以相禁。故恃丞、監而治者，僅存之治也。」在本篇作者看來，「置丞立監」這一普遍做法是「僅存之治」，真正的智者則反乎是，「通數者不然也，別其勢，難其道。故曰：其勢難匿者，雖跖不為非焉。故先王貴勢。」即認為真正懂得治官之道的君主，要劃分官吏的職權範圍，使其難以有追求私利的機會。換言之，也就是主張在行政官僚令、丞、監之外設置獨立的監察機構來對行政權力予以監督。

案，丞、監的設置帶有監察中央和地方行政的目的。戰國時期，各國已在中央和地方分別設置「御史」這一官職，具有秘書兼監察的性質。魏、韓等國在縣令之下也設有御史，御史由國王派遣委任。如韓國安邑的御史去世，有人向韓王請求繼任，韓王說：「彼固有次乎，吾難敗其法。」〔註76〕意謂按規定應由安邑御史的副手來繼任，我也不能破壞這一制度。這裡的安邑御史是安邑令的屬官。呂祖謙《大事記》據此認為這是國君派遣御史監掌郡縣，是秦漢設「監御史」掌監郡的起源。〔註77〕《境內篇》在敘述立軍功受爵賞時云：「以戰故，暴首三，乃校，三日，將軍以不疑致士大夫勞爵。其縣四尉，訾由丞尉。」其中的丞尉分別指縣丞和縣尉。前文已經指出，《境內篇》為商鞅變法時所草擬的法令，故此亦可證縣設置縣丞、縣尉較早。秦統一六國後，三公中的御史大夫，仍是國君秘書兼監察性質，應當是沿襲戰國時代的官制而發展起來的。這也說明儘管本篇作者反對「置丞立監」以行使監察權力，但這種主張並沒有奏效。換言之，本篇的成書應較早而不是偏晚。因為本篇作者一再反對丞、監之制的目的是為了強調專任法治和賞罰才是治國之道，秦自商鞅變法以來一直實行法治政策，統一後亦然。

第三，本篇雖然連用四個比喻，但所舉之例證在全書其他篇章也多有徵引；而且也是時人所熟識的，故以此為據認定其成書在荀卿之後的觀點也難

此句的意思都是指要堅持法治。
〔註76〕《戰國策·韓策三》
〔註77〕參見楊寬：《戰國秦漢的監察和視察地方制度》，《社會科學戰線》，1982 年第2 期。

以令人信服。

　　本篇在論述治國貴「勢」與「數」時，曾引用離婁作例證，離婁還見於《錯法》、《弱民》兩篇。《錯法篇》曰：「夫離朱見秋豪百步之外，而不能以明目易人。」《弱民》云：「今離婁見秋豪之末，不能明目易人。」一作離婁、一作離朱。按，離婁的典故為戰國諸子時常徵引，如《莊子‧駢拇篇》：「而離朱是已。」孟子曾云：「離婁之明、公輸子之巧，不以規矩，不能成方圓。」〔註78〕墨者相里氏之弟子纏子曾經與儒者董無心問難，董無心曰：「離婁之目察秋豪之末於百步之外，可謂明矣。」〔註79〕《韓非子‧姦劫弒臣》亦云：「人主者，非目若離婁乃為明也，非耳若師曠乃為聰也。」「飛蓬遇飄風而行千里」屬於自然現象，為常人所司空見慣；「懸繩」以探深淵也是匹夫皆知的淺顯道理。這些比喻為時人習見，以此論理淺白易懂，未見得受荀卿影響才能說出。

　　第四，本篇主張論功察罪應謹慎的觀點與《算地篇》是一致的。《算地篇》云：「故刑祿者，所以止姦也；而官爵者，所以勸功也……故君子操權一正〔註80〕以立術，立官貴爵以稱〔註81〕之，論勞舉功以任之，則是上下之稱平。」而本篇則曰：「人主之所以禁使者，賞罰也。賞隨功，罰隨罪。故論功察罪不可不審也。」前面已經指出，《算地篇》是商鞅所作，因此，本篇在這一點上與商鞅的認識也是相同的。

　　最後，本篇還曾提及上計制度，而這一制度的產生則是在戰國時期。此篇云：「十二月而計書已定，事以一歲別計，而主以一聽」講的正是歲終上計之制，在雲夢秦簡中也有關於上計之制的相關法令可資證明。

　　綜上所述，我們認為本篇應出自商鞅之手。

第六節　「明君忠臣」「不可以須臾忘於法」——《慎法篇》

　　所謂「慎法」就是慎重地依法治國。本篇是臣下獻給國君的書奏，作者

〔註78〕《孟子‧離婁上》
〔註79〕參見孫詒讓《墨子後語》上之《墨子傳授考》，收入孫著《墨子間詁》，北京：中華書局，2001年4月第1版，第718頁。
〔註80〕朱師轍說：「一正讀作一政。」
〔註81〕朱師轍認為這裡的「稱」是權衡之義；而蔣禮鴻則說：「稱，舉也。」

闡述了反對世俗所謂賢治，主張法治的理論。建議國君以刑罰和賞賜爲手段，驅民耕戰，從而實現國富兵強、成就王霸偉業的目的；反對任用那些無功而以言談和朋黨的吹捧而享有盛名的賢者。

一、關於《愼法篇》成書的幾種觀點

關於本篇，不少學者傾向於認爲出自商鞅，是商鞅上給秦孝公的一篇奏疏。如陳啓天就認爲此篇可能是商鞅上孝公的一種奏疏，他說：「本篇爲一種奏疏，文中曾自稱臣可證。主旨：首節和次節重在破勝黨人，節去言談，任法而治；末節重在說明耕戰爲國力之本，須『劫以刑，毆以賞』，使民務耕戰，末節與前兩節不相屬，或是兩篇合成的一篇。本篇議論全與商鞅思想相合，或即是商鞅上孝公的書。」〔註82〕容肇祖的看法近似，他根據篇中論點與《君臣》、《農戰》二篇有較多相合之處，故認爲本篇與《君臣》、《農戰》同出於一人。

但也有人認爲本篇非商鞅所作，應成於秦始皇統一中國（前221年）前夕，依據如下：一、本篇有仇視「義」的思想；二、本篇作者不言「搏力」、「殺力」，而只說「二者」及「不歸其力於耕，不歸其節於戰」，可見作者已不知「搏力」、「殺力」及「壹」（即專一於農戰）等早期著作中的概念了。〔註83〕

就第一種觀點而言，本篇的問題在於末節與前兩節是否「不相屬」呢？細繹全文，我們認爲這三段無論在措詞遣字還是內容上都是緊密聯繫的，是不可分割的。首先，從用詞來看，三段主要以「主」來指代國君。第一段有「人主」、「庸主」、「主位」；第二段「明主」；第三段「桀爲主」、「堯爲主」、「世主」。第二段提及「忠臣」，第三段多次與之呼應。其次，從內容來看，第一段主要論述治國專任賢者的弊病；第二段提出中心論點只有任法才能達到國治；第三段指出法治的具體途徑即刑和賞，利用刑賞來驅民農戰，最終實現霸王之道。可以說第一段屬於反面論點，第二段提出論點；第三段指出具體的舉措。因此，這三段內容層層推進，有其內在的邏輯理路，絕非雜湊而成。

而第二種觀點的論據也值得商榷，首先，關於「義」，孔子就曾經多次討論。子曰：「見義不爲，無勇也。」〔註84〕子曰：「君子喻於義，小人喻於利。」

〔註82〕陳啓天：《商鞅評傳》，第134頁。
〔註83〕鄭良樹：《商鞅及其學派》，第154頁。
〔註84〕《論語·爲政》

〔註85〕子曰：「見利思義，見危授命，久要不忘平生之言，亦可以爲成人矣。」
〔註86〕子曰：「君子義以爲貴，禮以行之，遜以出之，信以成之。君子哉！」
〔註87〕不必遲到戰國末年才出現。確切地講，本篇批評的並非「義」，而是「仁義」，「仁義」一詞多見於《孟子》，孟子言必稱仁義，但二字連言也絕非孟子首創。曾經「受儒者之業」的墨子對仁義的討論與孟子相比毫不遜色，《墨子》一書數言仁義，往往而在，不容忽視。如《所染篇》云：「故王天下，立爲天子，功名蔽天地。舉天下之仁義顯人，必稱此四王者」；《尚賢下》：「且今天下之王公大人士君子，中實將欲爲仁義，求爲上士」；《非攻上》云：「至入人欄廄，取人馬牛者，其不仁義又甚攘人犬豕雞豚。」另外《兼愛》、《非攻》、《節葬》等篇亦有言及，不一而足。

　　其次，本篇不言「摶力」、「殺力」及「壹」這些概念，也不能作爲其成書較晚的依據。主張愼重地實行法治是本篇的中心論點，而實行法治的目的無非是爲了實現王霸之業。本篇認爲「國之所以重，主之所以尊者，力也。」而在戰國時期，增強實力的途徑莫過於耕戰。而耕和戰恰恰是民眾認爲痛苦和危險的事情，只有實行法治，「劫以刑而驅以賞」才能令民致力於農戰。而「能行二者（指農戰）於境內，則霸王之道畢矣。」由此可見，本篇作者已認識到利用賞罰驅民農戰是稱霸天下的必由之路，全篇緊緊圍繞專任法治這個核心來逐層推進，言「摶力」、「殺力」及強調「壹」則與本篇主題相距較遠，故略去不說。

　　因此，以上關於本篇成書的各種觀點都存在紕漏，難以爲據。事實上，篇中若干語句已經給我們提供了關於其成書的重要線索，惜未引起前輩學者的注意。

二、《愼法篇》成書探析

　　從具體內容來看，本篇主要闡述了反對賢治，主張法治的理論。此外，篇中多次提及「明君忠臣」、「孝子」、「忠臣」等說法，對於我們判斷其成書彌足珍貴。

　　首先，在反對「舉賢能」這一點上，本篇同《開塞篇》對「尚賢」提出質疑的認識是一致的。《開塞篇》明確指出「尚賢」是有問題的，因爲「賢者以相出爲道，民眾而無制，久而以相出爲道，則又亂。」「賢」有賴於競

〔註85〕《論語·里仁》
〔註86〕《論語·憲問》
〔註87〕《論語·衛靈公》

爭才能出現，而競爭本身就包含了作爲性惡之源的私，所以有競爭而無制必亂。因此，「尙賢」已經過時，有了君主就不能再有別的權威，所以尙賢必須廢止。前文業已指出，《開塞篇》所反對的是儒、墨兩家的「尙賢」。比較而言，本篇對尙賢的批駁更爲深入。作者首先旗幟鮮明地反對「舉賢能」，認爲這是導致治世變亂的原因，其文曰：「夫舉賢能，世之所以治者，而治之所以亂。」在作者看來，反對的理由如下：其一，世俗所謂「舉賢能」，但其「賢者」的標準卻是大有問題的，「世之所謂賢者，言正也；所以爲善也，黨正也。〔註88〕聽其言也，則以爲能；問其黨，以爲然，故貴之不待其有功，誅之不待其有罪也。」文謂這些當世著稱的所謂賢者是依靠能說會道、善行以及同黨的吹捧而享有盛名的，在作者看來這些標準是虛浮的，於治國無實效。其二，治國若任用這些所謂「賢者」，會落得君危國弱的後果。「上舉一與〔註89〕民」，就會使「民倍主位而嚮私交，則君弱而臣彊」，國君也因此遭受「非侵於諸侯，必劫於百姓」的悲慘下場；還會使「民釋實事而誦虛詞」，「力少而非多」，結果導致國家「食屈於內」而「兵弱於外」。

但是據此認爲本篇作者反對賢治則有失偏頗，作者並沒有反對符合法治標準和要求的賢者。從下文來看，作者主張實行法治，任用那些對農戰有功的賢者。戰國時代，尙賢成爲當時各學派競相提出的主張。儒家自孔子以來亦主張爲政的主要任務之一在於「舉賢才」〔註90〕，而儒家所謂賢才主要強調的是個人的德行；墨家的「爲賢之道」是「有力者疾以助人，有財者勉以分人，有道者勸以教人」，〔註91〕由此可見墨家的賢才標準主要是個人的能力。與儒、墨兩家不同，法家的尙賢標準則是從有功於耕戰出發的。正如《愼法》篇所言「破勝黨任，節去言談，任法而治矣。」「令民之欲利者非耕不得，避害者非戰不免，境內之民莫不先務耕戰而後得其所樂。」而縱觀秦國的發展，它能從一個邊陲小國日益強大並最終統一天下，與其不拘一格選任賢能的傳統是分不開的。尤其是山東六國的賢者如商鞅、張儀、甘茂、范睢、呂不韋、李斯等人都曾在秦統一的過程中發揮巨大作用。此外，《賞刑篇》有云：

〔註88〕此處原文作「所以爲善正也，黨也」，今據蔣禮鴻說改。正字當在黨字之下。「言正」、「黨正」文相對，正猶定也，謂以言說黨與定其賢善與否也。見蔣禮鴻：《商君書錐指》，第136頁。

〔註89〕「與」猶「於」也，說見王引之：《經義述聞》之《通說》。

〔註90〕如《論語・子路篇》：「仲弓爲季氏宰，問政。子曰：『先有司，赦小過，舉賢才。』」

〔註91〕《墨子・尙賢下》

「聖人以功授官予爵，故賢者不憂，聖人不宥過，不赦刑，故姦無起。」可見，在尚賢這一點上，本篇與他篇是完全一致的。

其次，從「忠臣孝子」之說來看，本篇的成書應在墨子與孟子之間。

本篇在提出任法而治的論點時多次提及「忠臣孝子」，這一說法，對於我們判斷該篇成書可謂大有裨益。案，「孝」的觀念在西周時期就已存在，「孝子」作爲一個固定名詞也產生於同一時期。此時它作爲一種家族倫理，由於封建制和宗法制的確立，「孝」兼有「忠」的功能，故當時尚未出現「忠」字。到了春秋末年，孔子與其及門弟子已開始把忠從孝裏分離開來，但同時又由仁學說的外推作用將兩者聯繫起來。子曰：「君使臣以禮，臣事君以忠。」〔註 92〕有子曰：「孝弟也者，其爲仁之本與。」〔註 93〕「忠臣」一詞在《論語》、《孟子》中還未見，《墨子》一書首先提到。該詞的出現表明「忠」與「臣」之間搭配關係的固定化，換言之，忠是臣對君的態度。墨子雖然注意到忠、孝之別，但是由於他主張愛無等差，他對兩者的區分併不很嚴格，孝不分君父、忠不分上下即體現了這一點。〔註 94〕

荀子對「忠」、「孝」的看法也頗爲獨到，他認爲「逆命而利君謂之忠」，稱對君諫爭輔拂之人爲「社稷之臣」、「國君之寶」，主張「從道不從君」。又主張「從義不從父」，認爲「明於從、不從之義，而能致恭敬忠信端愨而愼行之，則可謂大孝矣。」〔註 95〕

戰國末年法家的集大成者韓非對「忠孝」也有專門的論述，關於「忠」，他認爲「盡力守法，專心於事主者爲忠臣。」〔註 96〕但這種「忠」是君用法、術之威嚴的結果，「君明而嚴則群臣忠」〔註 97〕換言之，臣對君的「忠」是懾於法、術的威嚴而不得不效命於君的一種被迫行爲。由於君臣利異，故兩者之間是一種買賣關係，不可能存在道德意義的「忠」。他說「故人臣莫忠」，實際上是對「忠」的否定。韓非所說的「孝」，也是指子迫於父的威嚴而不得不「養父」的行爲，是父「教笞」、「用嚴」的結果。韓非在《忠孝篇》裏提出的「臣事君、子事父、妻事夫」的三事原則，不能算是一種道德規範，而

〔註 92〕　《論語·八佾》
〔註 93〕　《論語·學而》
〔註 94〕　參見劉家和：《儒家孝道與家庭倫理的社會化》，此文收入《史學·經學與思想》一書，北京：北京師範大學出版社，2005 年第 1 版。
〔註 95〕　《荀子·子道》
〔註 96〕　《韓非子·忠孝》
〔註 97〕　《韓非子·難四》

是極端的君主專制主義的政治原則。

而在《慎法篇》中，「忠臣」、「孝子」的區分已非常明晰，忠主要是臣對君而言，孝則是子對父而論的。「故有明主忠臣產於今世而散〔註98〕領其國者，不可以須臾忘於法。」「使民之所苦者無耕，危者無戰。二者，孝子難以為其親，忠臣難以為其君。今欲毆其眾民，與之孝子忠臣之所難，臣以為非劫以刑而毆以賞莫可。」子孝養父母和臣效忠君上在本篇作者看來似乎是天經地義之事，並未對之加以攻訐和非難。只是對於孝子來說，躬身耕作來贍養父母是很辛苦的；對忠臣而言，在戰場上拼死以徼忠君上是很危險的。要讓孝子、忠臣自願去耕去戰是很困難的，因為人的本性就是趨利避害、好逸惡勞，所以只能通過重刑厚賞來驅使他們。

另外，類似的觀點在全書其他篇也有反映，如《賞刑篇》在闡釋刑無等級時指出，「忠臣孝子有過，必以其數斷」。即不會因為他們對君上效忠、對父母孝順而得到法律的寬恕。換言之，在不觸犯刑律的情況下，忠臣孝子的行為是得到廣泛認可的。《農戰篇》亦曾云：「下賣權，非忠臣也。」

總之，從反對尚賢這一點來看，本篇的主張與出自商鞅之手的《開塞篇》是一致的；從「忠臣孝子」的觀點來看，本篇的論述在戰國諸子當中是獨特的，其成書應在墨子之後、孟韓之前。綜上所述，我們認為本篇的作者應當是商鞅去世以後的某位「習商君之學者」。

第七節　「法令明則名分定」——《定分篇》

本篇是後人追述商鞅對答孝公所問如何使吏民明知法令用之如一而無私的答辭。主旨在「為法令置官置吏，為天下師以定名分，而使萬民皆知所避就。」

一、《定分篇》成書的幾種觀點

關於《定分篇》的作者，目前學界的認識趨於統一，即本篇不出於商鞅之手；但關於本篇成書的上、下限，論者卻又不盡一致。主要有以下幾種觀點：

（一）作於秦武王二年（公元前 309 年）之後。此說以陳啓天為代表，他說：「本篇既出於後人追述，其中所記不盡為商鞅所說，而間有後人增益的痕迹。文中有「丞相置一法官」的話。而秦初置丞相在武王二年，距商鞅死

〔註98〕「散」，蔣禮鴻以為當為「欲」，字之誤耳。

時已三十年，商鞅生時既無丞相的官名，自不得如此說法……。」〔註99〕

（二）成書於秦統一天下（公元前 221 年）之後。劉汝霖持此看法，他指出《定分》一篇，「郡縣諸侯」、「天子」、「天下之吏」等等的話，都像秦統一後的記載。「一兔走，百人逐之，非以兔也」，是《慎子》的話。「夫微妙意志，言之上智之所難也。夫不待法令繩墨而無不正者，千萬之一也」，是《韓非子》的話，都可證明這篇是秦、漢人掇拾法家餘論，偽託商君而作。因此，他認為此篇成書應在秦始皇二十六年（公元前 221 年）統一天下之後。〔註100〕

（三）漢初人偽託而成。容肇祖即主張漢初說，他斷定此篇是「漢初人依託於商君而作成的」，其理由如下：其一，「《定分篇》所表現的時代，已是秦統一天下以後的時代，內中全以天子、天下為說。」其二，此篇所言「『法令不明，其名不定，天下之人得議之』的時代，很像是漢初的情形。……作《定分篇》的人，一方希望有一定的法令，一方覺著李斯的『有欲學法令，以吏為師』的舊法可以施行，故此託之於商君所言，意重而心長了。」其三，「明白的表明《定分》一篇的時代，莫如這篇內所提出的官制必為秦亡後以至漢初的時代所有的。」其中所言官制包括丞相、御史、諸侯郡縣等。其四，此篇所記「明書年月日時，所問法令之名」，由此判斷此篇為漢人所作。〔註101〕詹劍峰亦主此說，其論據與容說大體相同。〔註102〕

此外，俞樾、黃雲眉等人就本篇中「明書年月日時」一句引申出關於古代曆法的問題，並據此斷定此篇當成於曆法既密，《史記》既行之後。案，太史公寫完《史記》在漢武帝徵和二年（即公元前 91 年）〔註103〕。換言之，這種觀點則把《定分篇》的成書定在西漢中期以後。

此篇中出現的「天下」、「諸侯」「郡縣」，「殿中」、「御史」、「丞相」等名物度數確實有晚出的痕迹，由此可見，前人多指此篇後出，確是不刊之論。但究竟晚到何時，卻需要我們對篇中所提之相關概念做仔細考辨。

首先，「天下」概念早在商鞅之前就有。雖然中國自秦統一以來，天下觀

〔註99〕陳啓天：《商鞅評傳》，第 134～135 頁。
〔註100〕劉汝霖：《周秦諸子考》，第 288～289 頁。
〔註101〕容肇祖：《商君書考證》，《燕京學報》第二十一期。
〔註102〕詹劍峰：《〈商君書〉辨偽》，《爭鳴》，1982 年第 3 期。
〔註103〕王伯祥：《史記選序例》，北京：人民文學出版社，1957 年 4 月第 1 版，第 3 頁。

念才得以在政治上真正實現。但在此之前，「天下」觀念就已經根深蒂固了。當周代行分封制之後，周天子才有「溥天之下，莫非王土；率土之濱，莫非王臣。」〔註104〕的威權。「普天之下」意即天下。「天下」一詞在《商君書》中出現頻率較高，達 57 次，而此書的主旨「農戰」一詞則僅出現了 20 次。與《商君書》年代大體接近的《孟子》一書也多次提及「天下」，據粗略統計約 86 處。此外《韓非子》、《戰國策》、《呂氏春秋》等書也多次出現「天下」一詞。《大學》開宗明義指出要「修身、齊家、治國、平天下」，這裡的「天下」當是虛指。天下的概念肯定是大於國家的，如《孟子·離婁上》：「天下之本在國，國之本在家，家之本在身。」

其次，從「郡縣」之制來看，其發展經歷了一個漫長的過程。關於「郡縣」之制，早在春秋時期就出現了郡和縣，但在當時縣是大於郡的。如《左傳》哀公二年記趙簡子誓師之辭云「克敵者，上大夫受縣，下大夫受郡」。戰國時代縣統於郡的制度，最初行於三晉。如魏國的上郡有十五縣，秦惠文王十年（公元前 328 年）魏納上郡十五縣給秦，〔註105〕趙的代郡有三十六縣、韓的上黨郡有十七縣。〔註106〕案，趙王設代郡在趙武靈王時，〔註107〕趙武靈王於秦惠文王十三年即位，在位二十七年，歷秦武王、昭王。又如韓國的宜陽，秦武王時人甘茂有云：「宜陽，大縣也，上黨、南陽積之久矣，名為縣，其實郡也。」〔註108〕宜陽雖名為縣，但卻兼收上黨、南陽二縣的賦稅，因此已經有郡之實。

三晉地區郡下轄縣之制對秦國的影響是漸進的，秦國在商鞅變法期間才普遍推行縣制，或許由於當時秦國土地未廣，商鞅並沒有設置郡這一行政級別。秦國正式設郡，是秦惠文王以後的事了。據《史記·秦本紀》記載，秦國在惠文王時設漢中郡，昭襄王時設南郡、黔中郡、南陽郡，莊襄王時設三川郡、太原郡。由於秦國的不斷軍事擴張，這些郡多是從被滅的小國直接轉化的，因此規模遠大於縣。直到秦始皇滅六國、統一天下時，才正式廢除了分封制，實行郡縣制，「分天下以為三十六郡，郡設守、尉、監。」〔註109〕這些郡由山東六

〔註104〕《詩經·小雅·北山》
〔註105〕《史記·秦本紀》
〔註106〕《戰國策·秦策一》，上黨地區原為晉地，三家分晉後，韓、趙瓜分此地，並分別設郡。據《戰國策·齊策二》，趙的上黨郡下轄二十四縣。
〔註107〕《史記·匈奴列傳》
〔註108〕《戰國策·秦策二》甘茂語。
〔註109〕《史記·秦始皇本紀》

國及四方小國演變而成，故郡大縣小成爲自然之事，郡下設縣。雲夢秦簡《置吏律》云：「縣、都官、十二郡免除吏及佐、群官屬，以十二月朔日免除，盡三月而止之。」〔註 110〕據《史記》推測，秦只有十二郡的時期，至少應在秦始皇五年以前。這說明秦所設郡數是逐步增加的。同時這條律文是按照縣、都官、郡由低到高這樣的次序來敘述的。

第三，秦置丞相、御史之職在商鞅之後、統一之前。據《史記·秦本紀》記載，秦武王二年（公元前 309 年），「初置丞相。」此時距商鞅去世已三十年。我們在討論《禁使篇》的成書時業已指出，御史之職是戰國時期廣泛設置的，御史起初是作爲國君的秘書，掌書王命及律令，這些皆爲西周舊制。秦統一六國後御史的職能進一步發展，兼有監察的職能，即御史監郡。《漢書·高帝紀》：「秦時御史監郡，若今御史。」《史記·蕭相國世家》：「秦御史監郡者與從事」即是明證。此外，秦統一後還設置御史大夫　職，作爲中央三公之一，也由御史演化而來。御史大夫掌律令、圖書秘笈。

第四，定分止息在戰國時期是一種社會思潮，不爲愼到一人所專有。「一兔走，百人逐之，非以兔也」的確是《愼子》的話。如《呂氏春秋·愼勢篇》就曾記載：「愼子曰，今一兔走，百人逐之，非一兔足爲百人分也，由未定。由未定，堯且屈力，而況眾人乎？」定分之後便如此：「積兔滿市，行者不顧，非不欲兔也，分已定矣。分已定，人雖鄙不爭。故治天下及國，在乎定分而已矣。」但類似的文句還見於馬總《意林》引《尹文子》，是作爲彭蒙的話來記述的。後來荀子論禮的起源也說起於定分止息。可見，定分止息的思想是一種社會思潮，不是彭蒙、愼到一派所獨有的。商鞅的後學受到這一思潮的影響而寫出《定分篇》也在意料之中。

第五，論者認爲本篇所提之曆法問題已是西漢中期以後的事，對此已有研究表明，戰國時代每日的記時，正由十二時制變爲十六時制，見於雲夢秦簡。如睡虎地秦簡《編年記》記載「卌五年，攻大野王。十二月甲午雞鳴時，喜產。」〔註 111〕整理者注謂，「雞鳴時」即丑時。秦昭王四十五年即公元前270 年，可以證明在秦昭王時期，秦國的曆法就已經很嚴密了。《行書律》云：「行傳書、受書，必書其起及到日月夙暮，以輒相報也。」〔註 112〕簡文規定

〔註110〕睡虎地秦墓竹簡整理小組編：《睡虎地秦墓竹簡》，第 94 頁。
〔註111〕睡虎地秦墓竹簡整理小組編：《睡虎地秦墓竹簡》，第 5 頁、第 10 頁。
〔註112〕睡虎地秦墓竹簡整理小組編：《睡虎地秦墓竹簡》，第 104 頁。整理者注謂：「夙暮，朝夕。」

傳送或收到文書，必須登記發文或收文的月日朝夕，以便及時回覆。到戰國末年則流行十六時制，次序為平旦、晨、日出、夙食、日中、日西中、日西下、日來入、日入、昏、暮食、夜暮、夜未中、夜中、夜過中、雞鳴，見於甘肅天水縣放馬灘秦墓出土秦簡《日書》。〔註113〕綜上可知，先秦時期的曆法到戰國中後期已臻於嚴密，不必推遲到漢代。

此外，天下、諸侯、郡縣連言的說法也不必是秦亡後以至漢初才出現的，早在秦王政即位之初，就已成時人常語。如秦王政親政之前，平定嫪毐之亂，遷太后於雍。齊人茅焦說秦王曰：「秦方以天下為事，而大王有遷母太后之名，恐諸侯聞之，由此倍秦也。」〔註114〕秦王聽其言，親迎太后入咸陽。大梁人尉繚來秦，說秦王曰：「以秦之強，諸侯譬如郡縣之君」〔註115〕。以上兩例皆發生在秦王政十一年（即前 236 年，案秦王政親政即在此年前後）之前，距秦統一六國尚有十五年。

綜上所述，我們認為本篇中出現的「天下」、「諸侯」、「郡縣」、「丞相」、「御史」等概念或名物制度或早已產生，或在戰國中後期的秦國已經出現；而定分止息在戰國時期也是一種社會思潮，篇中所謂「年、月、日、時」的曆法至少在秦昭王時期業已通行。種種迹象表明，本篇的成書在戰國後期，即秦昭王執政晚期至秦王政即位初年（前 269 年～前 236 年）之間，上述三種觀點都失之偏頗。

二、《定分篇》成書新探

觀之全篇內容，對我們判斷其成書最有價值的應是篇中所述法律制度，這些都是現實之寫照，而且在睡虎地秦簡中有直接的證據。

首先，關於法官制度。《定分篇》謂：「天子置三法官：殿中置一法官，御史置一法官及吏，丞相置一法官。諸侯郡縣皆各為置一法官及吏，皆比秦一法官。郡縣諸侯一受寶來〔註116〕之法令，學問並所謂。吏民知法令者，皆問法官。故天下之吏民無不知法者。」由此看來，當時的法律制度上至中央下及郡縣皆比較完備。法官從中央到地方層層設置，如秦簡《法律答問》有

〔註113〕參見楊寬：《戰國史》，第 558 頁。
〔註114〕《史記·秦始皇本紀》
〔註115〕《史記·秦始皇本紀》
〔註116〕孫詒讓曰：「寶來當作禁室，今本『禁』譌為『來』，『室』譌為『寶』，又顛倒其文，遂不可通。上文云『為法令為禁室』，可證」。見《商君書錐指》，第 144 頁。

云：「辭者辭廷。今郡守爲廷不爲？爲也。辭者不先辭官長、嗇夫。何謂『官長』？何謂『嗇夫』？命都官曰『長』，縣曰『嗇夫』。」〔註117〕此謂訴訟者向廷訴訟，郡守也算是「廷」。訴訟者不先向官長、嗇夫訴訟。都官的主管爲「長」，縣的主管爲「嗇夫」。不僅如此，中央各官署也有專門的法律，其所在的縣也必須派人去抄寫這些法律。睡虎地秦簡《內史雜》云：「縣各告都官其在縣者，寫其官之用律。」〔註118〕此處的「都官」，指直屬朝廷的機構，古書又稱中都官。《漢書·宣帝紀》顏師古注曰：「都官令丞，京師諸署之令丞。」《內史雜》律文意謂各縣應分別通知設在該縣的都官，抄寫該官府所遵用的法律。又秦簡《尉雜》云：「歲雠辟律於御史。」〔註119〕謂廷尉每年都要到御史處去核對法律。這兩條律文足以補文獻之闕。

其次，關於法令的保存。《定分篇》云「有擅發禁室印，及入禁室視禁法令，及禁剟　字以上，罪皆死不赦。」此句類似於當時的行政法律條文。睡虎地秦簡《內史雜》規定：「毋取以火入藏府、書府中。吏已收藏，官嗇夫及史夜更行官。毋火，乃閉門戶。令令史循其廷府。即新爲吏舍，毋依藏府、書府。」〔註120〕簡文禁止把火帶入收藏器物或文書的府庫。由官府的嗇夫和吏輪番值夜看守府庫。新建的吏舍，不得靠近府庫。此律文與《定分篇》所言禁室之制適可相互發明。

第三，關於文法吏的培養。本篇有云：「主法令之吏有遷徙物故，輒使學讀法令所謂。爲之程式，使日數而知法令之所謂。不中程，爲法令以罪之。有敢剟定法令一字以上，罪死不赦。」這裡是針對初學法令的文法吏而言的，給他們設定的標準，讓他們逐日計算所學法令的內容。不符合標準者要治罪。有膽敢刪削法令一個字以上，處以死刑，決不赦免。類似的法律條文在睡虎地秦簡中也很常見，如《均工律》對於工師教導學徒也有明確的規定，曰：「工師善教之，故工一歲而成，新工二歲而成。能先期成學者謁上，上

〔註117〕睡虎地秦墓竹簡整理小組編：《睡虎地秦墓竹簡》，第 192 頁。辭，《說文》：「訟也。」

〔註118〕睡虎地秦墓竹簡整理小組編：《睡虎地秦墓竹簡》，第 104 頁。案，內史雜，指關於掌治京師的內史職務的各種法律規定。

〔註119〕睡虎地秦墓竹簡整理小組編：《睡虎地秦墓竹簡》，第 109 頁。案，「尉」，指廷尉。《漢書百官表》：「廷尉，秦官，掌刑辟。」是司法的官。尉雜，關於廷尉職務的各種法律規定。辟律，即刑律。《史記·張蒼列傳》：「蒼……好書律曆，秦時爲御史，主柱下方書。」

〔註120〕睡虎地秦墓竹簡整理小組編：《睡虎地秦墓竹簡》，第 109 頁。

且有以賞之。盈期不成學者，籍書而上內史。」〔註121〕此律文是說若工匠提前學會手藝上級會有獎勵；到期仍學不會，則要記名上報內史。《秦律雜抄》之《除吏律》云：「發弩嗇夫射不中，貲二甲，免，嗇夫任之。駕騶除四歲，不能駕御，貲教者一盾；免，償四歲徭戍。」〔註122〕即是說若發弩嗇夫射不中目標，縣尉應罰二甲，免職，由縣嗇夫另行保舉。駕騶已任用四年，仍不能駕車，罰負責教練的人一盾；駕騶本人應免職，並補服四年內的應服的徭戍。

第四，關於「以吏為師」之制。前文已經指出，秦素來有以吏為師的傳統。此篇所講「故聖人必為法令置官也、置吏也為天下師，所以定名分也」，即以吏為師之意。《韓非子・五蠹篇》亦云：「明主之國，無書簡之文，以法為教；無先王之語，以吏為師。」秦統一六國後，李斯更主張「若欲學法令，以吏為師。」此舉即是將秦的「以吏為師」之制向全國推行。在「以吏為師」之制下，出現了大量文法吏，他們擁有法律、文書和會計訓練，根據能力、業績和年資而被任免遷黜。值得慶幸的是，出土的戰國秦代文物也提供給我們大量珍貴資料。秦始皇陵 6 號陪葬坑所發現的文吏俑，他們袖手站立，腰掛書刀、砥石，便於隨時在簡冊上記錄長官的命令。據專家推斷 K0006 號陪葬坑是秦帝國中央三公九卿中廷尉官署在地下的模擬反映。8 名文職官員和 4 名御手是該機構的主要工作成員代表，他們負責帝國日常的司法行政事務。〔註123〕如果此說不誤，則恰恰提供給我們關於中央司法官吏的直接實物證據。

睡虎地秦簡《編年記》載名喜者十九歲被進用為史。史是從事文書事務的小吏。《說文》敘引漢《尉律》：「學僮十七已上，始試，諷籀書九千字，乃得為史。」又睡虎地秦簡《內史雜》云：「非史子也，毋敢學學室，犯令者有罪。」〔註124〕整理者注謂：「學室，據簡文是一種學校。古時以文書為職務的史每每世代相傳，要從小受讀寫文字的教育。」律文規定非史之子不得入學室學習，違令者有罪。由此可知，秦國設有學校來培養官吏，這些吏對秦國的法律定然是系統學習過的。另秦簡《除弟子律》云：「當除弟子籍不得，置任不審，皆耐

〔註121〕睡虎地秦墓竹簡整理小組編：《睡虎地秦墓竹簡》，第 75 頁。
〔註122〕睡虎地秦墓竹簡整理小組編：《睡虎地秦墓竹簡》，第 128～129 頁。
〔註123〕段清波：《秦始皇陵園 K0006 陪葬坑性質芻議》，《中國歷史文物》，2002 年第 2 期。
〔註124〕睡虎地秦墓竹簡整理小組編：《睡虎地秦墓竹簡》，第 106～107 頁。

爲候。使其弟子贏律，及治（笞）之，貲一甲；決革，二甲。」〔註125〕意即如有不適當地將弟子除去名籍，或任用保舉弟子不當者，均耐爲候。役使弟子超出法律規定，及加以笞打，應罰一甲；打破皮膚，罰二甲。整理者注謂：「除籍，自簿籍上除名，如《史記・蒙恬列傳》：『除其宦籍。』古時弟子有名籍，《淮南子・道應》公孫龍曰：『與之弟子之籍。』」《除吏律》之下條律文曰：「縣毋敢包卒爲弟子，尉貲二甲，免；令，二甲。」案，卒，據《境內篇》「爵自二級已上至不更，命曰卒」知，是特指有二級至四級爵位的軍士。藏卒爲吏之弟子，是逃避軍役的行爲，因此主管軍事的縣尉要被免職。

　　概言之，這幾條律文爲我們提供了如下信息：秦國官吏的弟子有專門的名籍，由於他們的主要職責就是學習各項爲吏的必備技能，包括國家的政策、法律條文等等。因此，一旦入弟子籍，是可以免除軍役的。律文規定，不適當地將弟子除去名籍者，處於耐爲候的刑罰，反映出國家對培養官吏的重視。凡此，皆表明本篇所言「若有欲學（指法令）者，以吏爲師」並非空言，是秦國確曾實施的一項制度。

　　商鞅雖死，「其法未敗」，但法治的進一步完善和鞏固，還有待歷史實踐的發展。到了戰國末年，統一的中央集權國家即將形成，人權需要進一步集中在中央政府特別是皇帝手中，《定分》篇就是在這樣的背景下寫成的。從內容來看，本篇對商鞅的思想有所繼承，同時更側重於對具體制度或法令的闡述。總之，我們認爲該篇成書約在秦昭王晚期至秦始皇即位初年之間，作者應是秦國御史一類的官員，對以吏爲師之制推崇有加。

〔註125〕睡虎地秦墓竹簡整理小組編：《睡虎地秦墓竹簡》之《秦律雜抄》，第130頁。

上編小結

    以上我們花費較大篇幅對《商君書》各篇的成書作了逐一考證，結果發現現存《商君書》中的絕大多數篇章都集中反映了商鞅的思想，只有少數幾篇成書時代較晚，或是商鞅再傳弟子所為，或是法家者流掇拾商鞅餘說而成。因此，《商君書》基本上可以視為商鞅及其學派的著作。具體結論如下：

一、《商君書》各篇成書時代

    屬於商鞅親著的篇目包括：《墾令》、《農戰》、《去彊》、《算地》、《開塞》、《戰法》、《立木》、《兵守》、《修權》、《境內》、《外內》、《君臣》、《禁使》、《靳令》；另外，《更法》、《說民》、《弱民》、《壹言》幾篇雖非出自商鞅之手，也應是親聞商鞅之教的門客、私徒屬所為，這些篇章集中反映了商鞅的思想，亦可作為商鞅的著作來看待。我們的標準除了從篇中所用語詞、主旨等內考證的方法外，還結合秦國所面臨的歷史背景來分析。對於一些模棱兩可的著作，我們認為在沒有確實可靠的證據說它是「偽託」之前，還是應當把它的作者視為商鞅本人。

    出自商鞅再傳弟子之手的篇目包括：《畫策》、《錯法》、《徠民》、《賞刑》、《慎法》；掇拾商鞅餘論的法家者流作品：《定分》。

    從具體內容來看，商鞅及其學派的政策核心大體經歷了這樣一個改變過程：即從早期的以農為本、農戰並舉，到後來徠民主張提出後的以戰為主、以武力統一天下。但無論各篇成書或早或晚，全書一以貫之的治國之道則一直是專任法治、論功行賞罰。另外，從各篇的思想議題來看，《商君書》與墨子、墨家學派關係密切，這一點也應當引起學界的重視。

根據上述結論，茲列表以綜述《商君書》各篇之成書時代如下：

篇 名	作 者	成篇年代	備 註
更法第一	秦史官	後人追述商鞅言論	御前辯論
墾令第二	商鞅	商鞅正式變法之前	御前辯論之後
農戰第三	商鞅	商鞅初入秦遊說孝公之辭	遊說階段
去彊第四	商鞅	正式變法期間	
說民第五	門客或私徒屬	商鞅生前	
算地第六	商鞅	正式變法期間	
開塞第七	商鞅	變法期間	
壹言第八	門客或私徒屬	商鞅變法後期或死後不久	
錯法第九	商鞅後學	秦武王時	
戰法第十	商鞅	《農戰篇》之後	
立本第十一	商鞅	《農戰篇》之後	
兵守第十二	商鞅	疑似商鞅早年在魏時所作	
靳令第十三	商鞅	正式變法期間	
修權第十四	商鞅	「孝公欲傳商鞅」之後	被處死前
徠民第十五	商鞅後學	秦昭王在位後期	
賞刑第十七	商鞅後學	秦昭王時期	《刑約》第十六篇亡
畫策第十八	門客、私徒屬	秦惠文王時	
境內第十九	商鞅	正式變法期間	
弱民第二十	商鞅後學	秦昭王時	
外內第二十二	商鞅	正式變法期間	第二十一篇亡，而獨綿眇閣本作禦盜第二十一。有目
君臣第二十三	商鞅	正式變法期間	
禁使第二十四	商鞅	商鞅變法後期	
慎法第二十五	門客、私徒屬	墨子之後、孟子之前	
定分第二十六	秦御史之類的官員	秦昭王晚期至秦始皇即位初	

二、《商君書》的分組依據

為了便於對《商君書》的結構有整體性的認識和把握，結合對全書各篇成書時代的考證，我們認為有必要將整部《商君書》分為幾組，主要基於以下幾點考慮：

首先，從先秦子書的體例來看，進行分組是有先例可循的。

《莊子》一書今傳本一般分為內、外、雜三部分，這一分法其實是在流傳過程當中經後人之手才確定的。據學者研究，最早按內、外、雜這一體例整理注解《莊子》一書的是淮南王劉安。劉安以莊子自著為內篇，以莊子後學所記莊子事迹言論為外篇，凡莊子後學所寫文字紊亂、前後段意義不相屬連者，輯為雜篇。此後李頤、崔譔、向秀等注《莊子》皆取內外篇，不注雜篇，三分體例遂成二分。郭象據《漢志》舊本，又恢復了三分體例，並打破各篇原有次序，賦予內外雜以新的含義。內篇為經，外篇為傳，一般都有明確的論題和論理文字；雜篇則多為較零散的記事之文。〔註1〕

今本《孟子》七篇，而《漢書・藝文志・儒家》云：「《孟子》十一篇。」漢儒趙岐《孟子題辭》云：「又有外書四篇——《性善》、《辯文》、《說孝經》、《為政》。其文不能弘深，不與內篇相似，似非孟子本真，後人依放而託之者也。」據此，知漢代所流傳的《孟子》書尚有外書四篇，與今內七篇混為一本。經趙岐鑒定為偽後，外篇遂廢。

《墨子》一書《尚賢》、《尚同》、《兼愛》，各分上、中、下三篇，而文字相同者居半。對此，馬敘倫曾論《墨子》三篇如一篇曰：「讀《韓非子・顯學篇》云：『自墨子之死也，有相里氏之墨，有相夫氏之墨，有鄧陵氏之墨。故孔、墨之後，儒分為八，墨離為三。』然後知今之《墨子》書有三篇如一篇者，乃合三家為一。此三家傳述文字不同，故每篇各分上、中、下三篇，以別異之也。」〔註2〕

縱橫家的著作亦然。自戰國到秦、漢之際和漢代初年，縱橫家遊說和獻策之風，相沿靡替，所謂「縱橫長短之術」正遞相傳授，漢代的蒯通及主父偃輩續有編纂，並對前輩有所論列，此所以太史公曰：「始齊之蒯通及主父偃，

〔註1〕見孫以楷、甄長松著：《莊子通論》，北京：東方出版社，1995 年 10 月第 1
　　　　版，第 35～40 頁。
〔註2〕馬敘倫：《古書疑義舉例校錄》於俞樾《俞樓雜纂》卷三十四此條下做按語時
　　　　提及，詳見俞樾等著：《古書疑義釋例》，北京：中華書局，1983 年 6 月北京
　　　　第 4 次印刷。

讀樂毅之報燕王書，未嘗不廢書而泣也。」〔註3〕縱橫家的著作爲秦火所不及，因而有多種選本藏於漢之皇家，能爲太史公所採用；亦多藏民家，常爲遊士所誦習揣摩，既用以學習長短縱橫之術，以遊說當世之君主；亦用以評論戰國之權變，成爲探究戰國大事之史料。長沙馬王堆三號漢墓出土的《戰國縱橫家書》，亦即藏於民家之一種選本，爲司馬遷、劉向所未見者。

最明顯的例子莫過於《大戴禮記》和《禮記》，此二書之篇目劃分也是經漢儒之手才最終定本的。在紙發明以前，書寫條件相對困難，書籍大多是單篇流傳的，很少有如後世那樣完整的著作存在。這種情況在出土的戰國簡牘文獻當中表現尤爲突出，如郭店楚簡、上海博物館藏戰國楚竹書中的很多著作都是單篇流傳的，其例之多不勝枚舉。

其次，從《商君書》本身的流傳過程及其內容來看，對《商君書》進行分組也是必要的。

《商君書》作爲先秦子書，雖命運多舛，但其流傳軌迹尚可大致勾勒出來。由於秦孝公任用商鞅主持變法，秦國迅速強大並不斷向東方擴展；與此同時，商鞅一派的學說也大行其道。如《韓非子·五蠹篇》謂：「今境內之民皆言治，藏商、管之法者家有之。」可見，在戰國中後期商鞅之學流傳甚廣。《韓非子·內儲說上》、《定法篇》等還直接引用商鞅之語。

自孝公以後，商鞅及其學派的思想成爲歷代秦王的政治主導思想。秦統一天下後，廷尉李斯曾建議道：「臣請史官非秦記皆燒之。非博士官所職，天下敢有藏《詩》、《書》、百家語者，悉詣守、尉雜燒之。」〔註4〕「焚書」事件當中，法家著作《商君書》應不在禁燬之列，故民間當流傳較廣。秦末項羽大火燒咸陽宮三十里，但《商君書》的諸多傳本應未能燒盡。因爲西漢初年，人們仍能讀到此書。如《淮南子·泰族篇》言及「商鞅之《啓塞》」；太史公在《史記·商君列傳》曾說：「余嘗讀商君《開塞》、《耕戰》書。」至於當時之傳本的篇目究竟有多少，由於史載闕如，我們已不得而知。西漢一代，勤求古書，民間藏匿之書基本上都收歸漢王室的祕府了。武帝以「書缺簡脫」，曾「建藏書之策，置寫書之官，下及諸子傳說，皆充祕府」；成帝時，復「使謁者陳農求遺書於天下。詔光祿大夫劉向校經傳、諸子、詩賦」。〔註5〕

〔註3〕　《史記·樂毅列傳》讚語。
〔註4〕　《史記·秦始皇本紀》
〔註5〕　《漢書·藝文志序》

值得注意的是，由前述可知，西漢皇家所藏圖書是經數代人廣搜天下遺書積纍而成的，到劉向、歆父子整理時，《商君書》一定有各種選本存在，劉氏父子也僅是刪其繁複而已。有學者據劉向編《商君書》時並未留下敘錄，故而斷定該書在當時保存完好，無須校訂重編。〔註6〕按，劉向確爲諸多典籍做過敘錄，如《荀子》書初由劉向校錄，名之曰《孫卿新書》。《漢書・藝文志》著錄，名《孫卿子》。劉向《敘錄》云：「所校讎中《孫卿了》凡三百二十二篇，以相校，除重複二百九十篇，定著三十二篇。」因此，上述推斷不無道理。從戰國後期的單篇流傳到西漢末年定本問世，《商君書》的流傳經歷了一個從傳抄到定型的過程。

第三，從子書的傳承家法來看，《商君書》由於流傳和接受者比較複雜寬泛，因此有必要對全書各篇作適當劃分。

作爲子書一般多是單自家法的，或父子相傳，或師弟相授，但與其他子書相比，《商君書》又似乎有些家法不明。雖然商鞅本人的學術師承，據《史記・商君列傳》我們可以有較爲明確地把握，但商鞅後學或弟子幾乎沒有「名見經傳者」。這也使得後人往往把此書中成書較晚的篇章歸結爲法家者流僞託商鞅之名而作。然而，考慮到戰國及秦代的教育制度或許有助於我們打消這一疑慮。秦國從中央到地方各級行政機構的官吏一般是由專門的學校培養，文獻中對此記載甚少。值得慶幸的是，睡虎地秦簡則提供給我們有關這一問題的珍貴資料。如《內史雜》云：「非史子也，毋敢學學室，犯令者有罪。」〔註7〕整理者注謂：「學室，據簡文是一種學校。古時以文書爲職務的史每每世代相傳，要從小受讀寫文字的教育。」睡虎地秦簡的《爲吏之道》篇則詳細闡述了爲官執政的道理。由於商鞅的治國方略一直爲秦國所沿用，因此可以推知在秦國的官吏教育中，商鞅的思想和主張、國家的法令政策應是這些小吏們學習的重點，他們應當耳熟能詳。正是在這個意義上，我們認爲秦國從中央到地方各級官府的官吏就是商鞅學說的繼承者，稱他們是商鞅的弟子也不爲過。

此外，商鞅及其學說在戰國至漢初一直影響很大，後人要將其著作託諸商鞅，必當研習商鞅本人的思想，在此基礎上進行闡發，否則很難讓他人認可其「僞作」是商鞅的。如此看來，編撰《商君書》中那些非鞅著作的人的

〔註6〕 張覺：《商君書全譯》，前言第7頁。
〔註7〕 睡虎地秦墓竹簡整理小組：《睡虎地秦墓竹簡》，第107頁。

身份就相當寬泛和複雜，其中既可能有商鞅的私淑弟子、門客，也可能是秦國的官吏，或者他國之人。他們只要服膺商鞅的學說，皆可稱之爲商鞅後學。

正是基於以上理由，結合前輩學者的研究成果，我們將傳世本《商君書》二十四篇初步分爲內、外、雜三組，主要是按照與商鞅思想關係的遠近來劃分的：

其中內篇指直接反映商鞅本人思想的篇章，主要包括商鞅自著以及部分他生前、死後不久的及門弟子、門客或私徒屬的作品，分別是《墾令》、《境內》、《農戰》、《算地》、《去彊》、《開塞》、《戰法》、《立本》、《兵守》、《靳令》、《修權》、《外內》、《君臣》、《禁使》十六篇，其中《更法》篇疑出自秦史官之手，是商鞅御前辯論的實錄，被後人編入《商君書》首篇，緊隨其後的《墾令》篇也因此留有編者的痕迹。

外篇指成書距商鞅去世有一段時間，但其思想與商鞅關係比較密切的篇章，主要包括《畫策》、《錯法》、《賞刑》、《徠民》、《愼法》、《弱民》六篇；

雜篇則指成書偏晚，其內容與商鞅思想也存在一定距離的作品，主要是《定分》一篇。

下　編

《商君書》綜合研究

第一章 《商君書》所見制度考析

　　秦代建立的不同於夏商周三代的全新的政治體制，即廢除封建而在中央實行三公九卿制，在地方實行郡縣制的政治制度，開啓了中國政治制度史的第二個時期，即君主專制的政治體制。秦祚雖短，但其自商鞅變法以來確立的職官制度，卻爲漢以後各代王朝所繼承。《漢書‧百官公卿表》說：「自周衰，官失而百職亂，戰國並爭，各變異。秦兼天下，建皇帝之號，立百官之職，漢因循而不革。」宋人洪邁《容齋隨筆》卷九：「漢之法制，大抵因秦。」不僅如此，秦所創立的制度在中國歷史上影響深遠，顧炎武曾云：「漢興以來，承用秦法以至今日者多矣，世之儒者言及於秦，即以爲亡國之法，亦未之深考乎！」﹝註1﹞清末維新變法時，甚至有人感歎：「兩千年之政，秦政也。」﹝註2﹞那麼，秦制究竟包括哪些內容呢？要弄清這些問題，《商君書》顯然是不容迴避的，其中保留了不少草創中的秦制，爲我們探討秦制之源流提供了彌足珍貴的資料。

第一節 「制土分民之律」——《商君書》所見土地制度考析

　　土地制度是賦役制度的基礎，土地制度的變革也是商鞅變法的核心問題，而且與井田制密切關聯，因此極爲複雜，自古以來學者聚訟不已。上世

﹝註1﹞ 秦克誠點校、（清）黃汝成集釋、（清）顧炎武著：《日知錄》卷十三「秦紀會稽山刻石」條，長沙：嶽麓書社，1994 年 5 月第 1 版，第 469 頁。
﹝註2﹞ 譚嗣同：《仁學》，蔡尚思、方行編：《譚嗣同全集》，北京：中華書局，1981 年 1 月第 1 版，第 337 頁。

紀 70 年代以來，隨著睡虎地秦簡和青川木牘《田律》等簡牘材料的出土，商鞅變法中的土地制度問題再次成為學者討論的熱點。《商君書》中對田制問題也有揭示，值得我們深入分析。

首先，商鞅改革土地制度，是基於其對國家土地構成的認識，《算地》、《徠民》兩篇就保留了這一方面的內容。

《算地篇》開篇即講述了所謂「任地待役之律」，其文曰：「故為國任地者，山林居什一，藪澤居什一，谿谷、流水居什一，都邑、蹊道居什〔一，惡田居什二，良田居什〕四，此先王之正律也。故為國分田，數小，畝五百足待一役，此地不任也。方土百里，出戰卒萬人者，數小也。此其墾田足以食其民，都邑、遂路足以處其民，山林、藪澤、谿谷足以供其利，藪澤、隄防足以畜。故兵出糧給而財有餘，兵休民作而畜長足，此所謂任地待役之律也。」

《徠民篇》也有與《算地篇》類似的記載：「地方百里者，山陵處什一，藪澤處什一，谿谷流水處什一，都邑蹊道處什一，惡田處什二，良田處什四。以此食作夫五萬，其山陵、藪澤、谿谷，可以給其材；都邑、蹊道足以處其民；先王制土分民之律也。今秦之地，方千里者五，而穀土不能處〔什〕二，田數不滿百萬，其藪澤、谿谷、名山大川之財物貨寶，又不盡為用，此人不稱土也。」篇中提出了「先王制土分民之律」，就是地方百里的土地，除去山澤邑居十分之四，良田和惡田共占十分之六，「以此食作夫五萬」。

我們可以畝為單位，對這兩篇提到的「制土分民之律」做出分析。按照地方百里總共有九百畝的比率計算，《算地篇》指出方百里土地，分授給一萬戶農夫，每戶授給五百畝的辦法不合適，因為這樣耕地並不能得到充分的開墾；《徠民篇》則主張方百里土地，分授給五萬戶農民，每戶授田一百畝，認為這是「制土分民之律」。這就是從理論上來肯定商鞅所制定的「百畝給一夫」制度。〔註3〕但是秦國「人不稱地」的現象日趨嚴重，在《徠民篇》成書的秦昭王後期，由於對外戰爭的接連獲勝，秦國版圖不斷擴張，人員傷亡較大，這一問題更為突出。「穀土不能處〔什〕二」，因此迫切需要採取優惠政策招徠三晉之民前來開墾荒地。無論授田五百畝還是一百畝，秦國人不稱地的現象長期存在，並未得到改善。早在商鞅時期，秦國就存在人不稱地的問題，但彼時商鞅更多地側重於通過各種方式令故秦民從事墾荒。

〔註 3〕 參見楊寬：《雲夢秦簡所反映的土地制度和農業政策》，收入《上海博物館集刊》1982 年，上海：上海古籍出版社，1983 年 7 月第 1 版，第 127～135 頁。

　　《算地篇》所謂「爲國任地」是指「先王」所定國土構成，「爲國分田」是指國土的居民配置，即按一定的耕地面積和一定的戶均土地分配份額，安置農業人口和攤派兵役。該篇主張開墾荒地首先要計算土地，要保證土地與人口之間的適當比例，即「爲國分田」規劃，不能用太少的人數去開墾太大的土地。所謂「數小」是指按地出卒的數量不多，只是最低限。〔註4〕本篇所述國土構成，古代叫作「提封制度」。它是土地制度、戶籍制度和軍賦制度的基礎。在文獻當中對古代提封制，以《禮記・王制》、《漢書・食貨志》及《刑法志》的相關記載較爲典型。《禮記・王制》云：「方百里者，爲田九十億畝，山陵、林麓、川澤、溝瀆、城郭、宮室、途巷三分去一，其餘六十億畝。」《漢書・食貨志》徵引李悝的「盡地力之教」，云：「李悝爲魏文侯作盡地力之教。以爲地方百里，提封九萬頃，除山澤邑居三分去一，爲田六百萬畝。」而《漢書・刑法志》則云：「一同百里，提封萬井，除山川沈斥，城池邑居，園囿術路，三千六百井，定出賦六千四百井，戎馬四百匹，兵車百乘，此卿大夫埰地之大者也，是謂百乘之家。一封三百一十六里，提封十萬井，定出賦六萬四千井，戎馬四千匹，兵車千乘，此諸侯之大者也，是謂千乘之國。天子畿方千里，提封百萬井，定出賦六十四萬井，戎馬四萬匹，兵車萬乘，故稱萬乘之主。」

　　對上述三則材料，已有學者做出統計指出，《王制》和李悝「盡地力之教」農田比例最高，約占66％，與《算地》、《徠民》兩篇非常接近；而《刑法志》則僅占36％，農田比例最低，據說是「殷周制度」，反映的也許是土地開發不足的早期情況。〔註5〕

　　其次，從全書內容中，我們還可窺知秦國已經實行了國家授田制。

　　從商鞅變法一直到秦昭王時期，秦國地廣人稀的狀況一直沒有改善，國家手中掌握著大量荒地，這就爲秦推行按戶授田制提供了充實的基礎。成於商鞅之手的《外內篇》云：「故曰：欲富其國者，境內之食必貴，而不農之征必多，市利之租必重。則民不得無田，無田不得不易其食……」此言迫民歸農之策，其前提是「則民不得無田」，即讓他們有土地可耕，這從另一個角度說明了秦早在商鞅時期就已實行「授田」制的事實。《算地篇》曰：「凡世主之患，用兵者不量力，治草萊者不度地。」根據人地比例，或務開荒，或致

〔註4〕李零：《〈商君書〉中的土地人口政策與爵制》，收入《李零自選集》，第186頁。
〔註5〕李零：《〈商君書〉中的土地人口政策與爵制》，《李零自選集》，第185頁。

力於招徠人口墾草，都要經由國家授田之後才能推行。《徠民篇》亦曾有言：
「意民之情，其所欲者田宅也。」作者主張「利其田宅」、「與其所欲」，即由
國家給民眾授予田宅。雖然《徠民篇》中授田的對象是三晉之民，但授田政
策卻是秦國固有的。《境內篇》明確規定：「能得甲首一者，賞爵一級，益田
一頃，益宅九畝，除庶子一人。」這與商鞅的變法令足以互相呼應。《史記‧
商君列傳》云：「明尊卑爵秩等級，各以差次；名田宅、臣妾、衣服，各以家
次。有功者顯榮，無功者雖富無所芬華。」所謂「名田宅」就是按「名」佔
有田宅。此「名」應是指國家戶籍上的名稱。商鞅的變法令中明確提出這一
規定，一方面以法令形式承認個人名義佔有土地的合法性，更重要地是為了
獎勵軍功，因為個人佔有田宅的大小是按照由軍功取得的爵位等級來授予
的，這與普通民戶的授田顯然是有別的。〔註6〕

　　徵之秦簡，也足見《商君書》所言不妄。如睡虎地秦簡《徭律》曰：「其
（指禁苑）近田恐獸及馬牛出食稼者，縣嗇夫材興有田其旁者，無貴賤，以
田少多出人，以垣繕之，不得為徭。」〔註7〕此律文是說苑囿如鄰近農田，恐
有動物及牛馬出來吃禾稼，縣嗇夫應酌量徵發在苑囿旁邊有田地的人，不分
貴賤，按田地多少出人，為苑囿築牆修補，不得作為徭役。這就表明苑囿周
圍的田地是有明確主人的，而且律文中說「無貴賤」，這就意味著擁有土地者
的階層非常廣泛，既有貴族也有平民。《法律答問》云：「『盜徙封，贖耐。』
何如為『封』？『封』即田阡陌、頃畔封也。且非是而盜徙之，贖耐，何重
也？是，不重。」〔註8〕此律把私自移動農田疆界稱為「盜徙封」，〔註9〕就是
看作侵犯土地所有權的行為。又如：「部佐匿諸民田，諸民弗知，當論不當？
部佐為匿田，且何為？已租諸民，弗言，為匿田；未租，不論○○為匿田。」
〔註10〕其中部佐指鄉部之佐，其職責是主民，收取賦稅；租，指田賦。文謂

〔註6〕　關於軍功賜田與普通民戶授田的關係，目前尚存在爭議：傳統看法認為兩者
　　　　是性質不同的授田；近年來有學者對舊說發起挑戰，認為兩者從本質上講皆
　　　　是國家授田制，只是表現形式不同而已，軍功授田是以普通份地授田為基礎
　　　　的。說見張金光：《秦制研究》，上海：上海古籍出版社，2004 年 12 月第 1
　　　　版，第 14 頁。
〔註7〕　睡虎地秦墓竹簡整理小組編：《睡虎地秦墓竹簡》，第 77 頁。
〔註8〕　睡虎地秦墓竹簡整理小組編：《睡虎地秦墓竹簡》第 178～179 頁。
〔註9〕　案，秦簡律文中的「盜」和「賊」含義和後世不同。「盜」是指侵犯他人財物
　　　　而言，而「賊」則指傷害他人的人身。
〔註10〕睡虎地秦墓竹簡整理小組編：《睡虎地秦墓竹簡》，第 218 頁。

部佐隱匿百姓的田，百姓不知，應否論罪？部佐應以匿田論處，還是作爲別的罪？答曰：已向百姓收取田賦而不上報，就是匿田；未收田賦，不以匿田論處。這條律文再次告訴我們，百姓是田地的所有者，他們需要向國家上繳田賦。

　　田制自確立以後，就隨著秦的軍事征伐而不斷向四周輻射。出土的簡牘材料爲我們提供了可靠的例證，如四川青川木牘《更修爲田律》云：「二年十一月己酉朔朔日，王命丞相戊（茂）、內史匽，□□更修爲田律：田廣一步，袤八則爲畛。畝二畛，一陌道。百畝爲頃，一阡道，道廣三步。封，高四尺，大稱其高。捋（埒），高尺，下厚二尺。秋八月，修封捋（埒），正疆畔，及發阡陌之大草。九月，大除道及除澮。十月爲橋，修陂隄，利津□。鮮草，雖非除道之時，而有陷敗不可行，相爲之□□。」〔註11〕簡文的年代，據整理者推斷是秦武王二年。關於此律文的適用範圍，學界分歧較大，有人認爲此律只適用於「巴蜀地區」〔註12〕；一說此律「重點必爲京畿即內史轄境」〔註13〕；張金光則力主「全秦說」，即認爲此律文乃是適用於全秦的國法〔註14〕。三說相較，我們更傾向於最後一說。由簡文內容可知，所謂《更修爲田律》應係將秦國以前之《爲田律》在武王二年重新加以更修改定而成者。武王曾向丞相甘茂表露過「欲容車通三川，窺周室」〔註15〕之志。在蜀地青川發現這一律文說明秦國早在武王時期就已經開始將本國的制度向新佔領的地區推廣。

　　又如睡虎地秦簡《語書》記載南郡守騰於秦王政二十年向其轄區吏民發佈的文告，「今法律令已具矣，而吏民莫用，鄉俗淫佚之民不止，是即廢主之明法也，而長邪僻淫佚之民，甚害於邦，不便於民。故騰爲是而修法律令、田令及爲間私方而下之，令吏明布。令吏民皆明知之，毋巨（距）於罪。」

〔註11〕　四川省文化館、青川縣文化館：《青川縣出土秦更修田律木牘——四川青川縣戰國墓發掘簡報》，《文物》，1982 年第 1 期。關於簡文當中的「畛」、「畝」、「頃」、「阡」、「陌」及其相互間的關係，學界爭論不已，迄無定論。欲辨明此問題需另撰文，茲不做討論。
〔註12〕　此說由李昭和首倡，見李昭和：《青川出土木牘文字簡考》，《文物》，1982 年第 1 期。羅開玉也贊同此說，參見羅開玉：《青川秦牘〈爲田律〉再研究》，《四川文物》，1982 年第 3 期。
〔註13〕　黃盛璋：《青川新出秦田律木牘及相關問題》，《文物》，1982 年第 9 期。
〔註14〕　張金光：《秦制研究》第二章第四節附論青川秦牘諸問題，上海：上海古籍出版社，2004 年 12 月第 1 版，第 140～147 頁。
〔註15〕　《史記·秦本紀》

〔註16〕這條文告指出：現在法律令已經具備了，仍有一些官吏、百姓不加遵守，習俗淫侈放恣的人未能收斂，這些行為助長邪惡淫侈的人，有害於國家，不利於百姓。所以騰把法律令、田令和懲辦奸私的法規整理出來，令官吏公佈於眾，使官吏、百姓都清楚瞭解，不要違法犯罪。從這一文告的內容可以看出南郡守騰極力用秦的統一法律來整飭楚地的「私好鄉俗」，田令也是其中重要的一項。

秦始皇統一六國後，更實行「海內為郡縣，法令由一統」，田制也被統一推行到其政治轄區內的各個角落，包括少數民族區域，此後的歷代封建王朝都深受這一制度的影響。

第二節　「武爵武任、粟爵粟任」──《商君書》所見爵制考析

《鹽鐵論·險固篇》謂：「庶人之爵祿，非升平之興，蓋自戰國始也。」《商君書》所見之爵制即是面向庶人賜爵制度的開始，主要包括軍功爵和納粟拜爵兩種：其中軍功爵主要根據斬獲敵人的首級數來賜予爵位；後者則依據上交穀物的多少來確定。除此之外，還有告奸授爵等。商鞅以法治秦，注重賞罰，其鼓勵民眾從事農戰之賞即以官爵為主。如《農戰篇》所言：「凡人主之所以勸民者，官爵也；國之所以興者，農戰也。今民求官爵，皆不以農戰，而以巧言虛道，此謂勞民。……是故不官無爵。」「故刑戮者，所以止奸也；而官爵者，所以勸功也。」〔註17〕因此，綜合考察《商君書》所見爵制，對於我們瞭解秦國自商鞅變法以來官爵制度的情況無疑是大有裨益的。

一、「武爵武任」──軍功爵制考析

戰國時代，隨著兼併戰爭的進一步擴大，各國都需要大量人力投入拼死戰鬥的疆場之上。為了廣泛動員社會各階層投身軍隊，軍功爵制應運而生。軍功爵即按照戰功授予的爵位，商鞅推行軍功爵制的初衷是獎勵民眾從事戰爭。《漢書·百官公卿表》曰：「商君為法於秦，戰斬一首，賜爵一級。欲為官者五十石。」在商鞅的爵制中，按軍功賜爵的軍功爵制所佔的比重最大，

〔註16〕睡虎地秦墓竹簡整理小組編：《睡虎地秦墓竹簡》，第15頁。
〔註17〕《商君書·算地篇》

也最爲重要。《商君書》中關於軍功爵的記載又以《境內篇》最爲集中。故我們主要結合該篇對軍功爵制的相關問題進行辨析。

1. 《境內篇》所見軍功爵制辨析

本篇雖無所謂微言宏論，文字淺白，但由於內容分合竄脫現象比較嚴重，故文義晦澀難通。因此具體到篇中內容，則小到標點斷句、大至爵制的具體內容，自古及今，學界聚訟不已。爲討論方便計，茲抄錄原文如下：

「四境之內，丈夫、女子皆有名於上。生者著，死者削。其有爵者乞〔註18〕無爵者以爲庶子，級乞一人。其無役事也，其庶子役其大夫月六日；其役事也，隨而養之軍爵自一級已下至小夫命曰校徒操出公爵自二級已上至不更命曰卒〔註19〕。其戰也，五人來薄爲伍，一人羽而輕其四人，能人得一首則復。五〔十〕〔註20〕人一屯長，百人一將。其戰，百將、屯長不得斬首；得三十三首以上，盈論，百將、屯長賜爵一級。五百主〔註21〕，短兵五十人；二五百主，將之主，短兵百。千石之令，短兵百人；八百之令，短兵八十人；七百之令，短兵七十人；六百之令，短兵六十人。國封尉，短兵千人。將，短兵四千人。戰及死吏，而輕短兵，能一首則優。能攻城圍邑斬首八千巳上，則盈論；野戰斬首二千，則盈論；吏自操及校以上大將盡賞。行間之吏也，故爵公士也，就爲上造也。故爵上造，就爲簪裊。〔故爵簪裊〕，就爲不更。故爵〔不更，就〕爲大夫。爵大夫而爲縣尉，則賜虜六，加五千六百。爵人夫而爲國尉，就爲〔官〕大夫。故爵〔官〕大夫，就爲公大夫。〔故爵公大夫〕，就爲公乘。〔故爵公乘〕，就爲五大夫，則稅邑三百家。故爵五大夫，〔就爲大庶長。故大庶長，就爲左更。故

〔註18〕《廣雅》云：「乞，與也。」《說文解字》云：「與，云賜予也。」故此處的「乞」即「賜予」。

〔註19〕關於「軍爵自一級已下至小夫命曰校徒操出公爵自二級已上至不更命曰卒」一句，由於理解不同，斷句分歧較大，問題主要集中在對於「軍爵」、「公爵」有無之辨上。

〔註20〕此處原文脫「十」字，因這裡與百人之將並列的「屯」應是五十人的編制，而非五人。楊寬最早指出這一點，詳見楊寬：《戰國史》，第 251 頁下注；李零在此基礎上更從《續漢書》、睡虎地秦簡、上古音韻等三方面予以補充論證，其說可從。參見李零：《〈商君書〉中的土地人口政策與爵制》，收入《李零自選集》，第 190 頁。

〔註21〕「五百主」，朱師轍、高亨等皆解釋爲「五百人之長」。實際上，結合青海大通上孫家寨漢簡的材料可知，「五百主」實即秩五百石之官，下文的「六百之令」、「七百之令」、「八百之令」實即秩六百、七百、八百石之官，「二五百主」即「千石之令」，全部是以秩級而稱。參見李零：《〈商君書〉中的土地人口政策與爵制》，收入《李零自選集》，第 191 頁。

四更者，就爲大良造。〕皆有賜邑三百家，有賜稅三百家。爵五大夫，有稅邑六百家者，受客（卿）。大將、御、參皆賜爵三級。故客卿相，論盈，就正卿。」〔註22〕

「以戰故，暴首三，乃校三日，將軍以不疑致士大夫勞爵。（夫勞爵其縣）過三日有不致士大夫勞爵，罷〔註23〕其縣四尉〔註24〕，訾由丞尉。能得甲首一者，賞爵一級，益田一頃，益宅九畝，一〔註25〕除庶子一人，乃得入〔註26〕兵官之吏。其獄法，高爵訾下爵級。高爵能，無給有爵人隸僕。爵自二級以上，有刑罪則貶。爵自一級以下，有刑罪則已。小夫死，以上至大夫，其官級一等，其墓樹級一樹。」

「其攻城圍邑也，國司空訾其城之廣厚之數。國尉分地，以徒、校分積尺而攻之，爲期，曰：『先已者當爲最啓，後已者訾爲最殿。再訾則廢。』內通則積薪，積薪則燔柱。陷隊之士，面十八人。陷隊之士，知疾鬥，不得斬首；隊五人，則陷隊之士，人賜爵一級；死，則一人後；不能死之，千人環規，諫黥劓於城下〔註27〕。國尉分地，以中卒隨之。將軍爲木壹〔註28〕，與國正監與王御史參望之。其先入者，舉爲最啓；其後入者，舉爲最殿。其陷隊也，盡其幾者；幾者不足，乃以欲級益之。」

〔註22〕 此處的斷句從蔣禮鴻《商君書錐指》一書的說法。

〔註23〕 「夫勞爵其縣過三日有不致士大夫勞爵能」十七字，各本均在上文「能人得一首則復」句下，孫詒讓主張移於此處，並謂「夫勞爵」三字爲衍文，能當爲罷。注者多從其說，蔣禮鴻還認爲「其縣」二字亦蒙後文而衍。而朱師轍則認爲能爲「耐」之借字。

〔註24〕 「其縣四尉，訾由丞尉」，朱紹侯以爲「四」即「國」字，形似而訛，「縣」即「懸賞」的「懸」，「訾」作評量解。大意是勞爵由國尉和縣裏的縣丞、縣尉執行。見朱紹侯：《軍功爵制研究》，第44頁。案，此說雖亦可自圓其說，但「縣」字既作「懸賞」解，則縣丞、縣尉之職又緣何而來呢？

〔註25〕 朱師轍說：「一除」一字疑衍。

〔註26〕 嚴校本原作「人」，朱師轍曰：「得人當作得入」，注者多從其說，茲從之改。

〔註27〕 此處斷句從劉如瑛之說。規當讀爲窺，諫與間音同字通。商鞅、韓非等法治主義者均主張在軍政部門設「間」以爲耳目，且有監督之用。本文即謂「間」者對戰鬥不力者處以黥劓之刑，以儆眾士。詳見劉如瑛：《諸子箋校商補》，第192頁。嚴校本原文「千人環睹諫黥劓於城下」，嚴校本刪去諫字。朱師轍云：「規各本作覩，亦誤。當從縣眇閣本作規。」孫詒讓曰：「環當爲轘，聲同字通。《說文》車部云：『轘，車裂人也。』」如孫說，亦與上下文難通。因爲下文尚有黥劓之刑，車裂已是死刑，不得再加刑。

〔註28〕 陶鴻慶云：「壹乃臺字之誤，謂搆木爲臺，以便瞭望也。」見陶氏《讀諸子箚記》，《制言半月刊》第26期。

關於本篇的爵制，學者們爭論的焦點主要在以下幾個問題：

首先，關於「軍爵」、「公爵」有無之辨

本篇開頭「其役事也隨而養之軍爵自一級已下至小夫命曰校徒操出公爵自二級已上至不更命曰卒」一段該如何斷句，歷來注家之間頗有歧見，並進而產生了「軍爵」、「公爵」有無之爭。

第一種觀點以高亨爲代表，斷軍爵、公爵爲句，認爲「軍爵」與「公爵」相對，則此句讀爲：

「其役事也，隨而養之。軍爵，自一級已下至小夫，命曰校徒操士〔註29〕。公爵，自二級已上至不更，命曰卒。」〔註30〕

高亨解釋說，公爵是相對於軍爵而言的，如行政官吏的爵位與不任官職的人的爵位等是，只有軍爵不在其內。

而另一種觀點則以蔣禮鴻爲代表，將「爵」字單斷，認爲無「軍爵」、「公爵」之分，其句讀如下：

「其無役事也，其庶子役其大夫，月六日；其役事也，隨而養之軍。爵自一級已下至小夫命曰校、徒、操、公士〔註31〕。爵自二級已上至不更命曰卒。」〔註32〕

案，由下文可知《境內篇》所述爵制的最低一級是「公士」，「校徒操」無疑是低於一級爵「公士」的。如果按照第二種方法斷句，將「公士」再次列於「校徒操」之後很顯然是不妥的。因此第二種說法於上下文義上存在明顯的紕漏。

同樣，第一種觀點也難免求之過深，以此句中的「軍」字爲例即可說明。《境內篇》開篇提及有爵者按規定可賜予無爵者作爲庶子來爲其服務。「其役事也」與「其無役事也」相對，若「軍」字從前句斷，「其役事也，隨而養之軍」是指有軍事行動時，庶子就跟隨其大夫到軍中服務。因此若以「軍」字屬下，句讀爲「隨而養之」，其義亦與「隨而養之軍」同。換言之，「軍」字

〔註29〕此處的「士」字原文作「出」，俞樾云：「出字當作士，古書士、出字多互誤。」見俞樾《諸子平議》，第402頁。注家多從其說改之，下不贅引。

〔註30〕高亨：《商君書注譯》，第146～147頁。另外俞樾《諸子平議》、王時潤《商君書斠詮》亦主是說。

〔註31〕于鬯認爲「士公」應是「公士」的倒誤，論者或從其說乙正原文。

〔註32〕蔣禮鴻：《商君書錐指》，第114頁。于鬯《香草續校書》、張覺《商君書全譯》俱持此說。

從上斷還是從下讀，絲毫不影響文意。〔註 33〕《韓非子・定法篇》引用商鞅之法云：「斬一首者爵一級，欲爲官者爲五十石之官；斬二首者爵二級，欲爲官者爲百石之官。官爵之遷與斬首之功相稱也。」這裡並沒有明確提出軍爵和公爵的分別，相反它似乎更傾向於說明因軍功所獲之爵位也是適用於官吏的。最直接的證據是本篇中關於拜爵受賞的規定，「以戰故，暴首三，乃校三日，將軍以不疑致士大夫勞爵。過三日有不致士大夫勞爵，罷其縣四尉，訾由丞尉。」這裡是說在軍中對斬首之功先做出核實，其具體賜爵及賞賜則要由將士本人戶籍所在地的地方行政官員來予以落實。這就表明軍爵是適用於軍隊和地方的，並不存在所謂兩套爵制系統。

反觀《漢書・百官公卿表》，該書詳細記載了沿用秦代的各級爵位，總稱曰爵，未有軍爵、公爵之分。如果有所謂軍爵、公爵之別，那麼《商君書》全書再無「軍爵」二字似乎不合常理。

值得一提的是，雲夢睡虎地秦簡有《軍爵律》〔註 34〕，是秦律十八種之一。但從其內容來看，並無所謂「軍爵」及與之相關的記錄。它主要講的是因軍功獲爵的相關法律規定，包括賜爵的步驟及功用等，與《境內篇》所載相距甚遠。

與以上糾纏於軍爵有無的說法不同，朱師轍則不以「出」字爲誤寫，他斷句爲：「爵自一級已下至小夫，命曰校、徒、操，出公爵。自二級已上……」他認爲「出公爵」是指「校」、「徒」、「操」出於二十等爵外。那麼他的觀點是否可靠呢？這還取決於我們對「校徒操」身份的判定。

此外，臺灣學者杜正勝亦贊同朱師轍的斷句，但他認爲「出公爵」當謂校、徒、操無軍功而獲爵公士，其爵乃公所頒給。公爵二字不構成一個術語。如此則上引《境內篇》那段文字乃豁然可解。〔註 35〕按，這一解釋雖然文通字順，但明顯有悖軍功爵制的根本原則——無功不得授爵，睡虎地秦簡《軍爵律》有一條律文即足以反證杜說之非。其文曰：「及隸臣斬首爲公士，謁歸公士而免故妻隸妾一人者，許之，免以爲庶人。」〔註 36〕由此可見一級爵「公

〔註33〕 見邵文利、杜麗榮：《〈漢語大辭典〉等工具書「軍爵」、「公爵」條目獻疑》，《學術界》，2004 年第 6 期。

〔註34〕 睡虎地秦墓竹簡整理小組編：《睡虎地秦墓竹簡》，第 92～94 頁。

〔註35〕 杜正勝：《從爵制論商鞅變法所形成的社會》，《中央研究院歷史語言研究所集刊》第五十六本第三分，臺北：中央研究院歷史語言研究所，1985 年 9 月出版，第 501 頁。

〔註36〕 睡虎地秦墓竹簡整理小組編：《睡虎地秦墓竹簡》，第 93 頁。

士」並非無功而直接由公所頒給，爵級的獲得同樣需要有軍功斬首方可。

其次，一級爵等以下者的身份辨析

關於「自一級已下至小夫，命曰校、徒、操」一句，朱紹侯認爲其中的「小夫」是爵名，這從「自二級已上至不更，命曰卒」可證。在「小夫」之上還應該有兩個爵名，由於史書失載，現已無從查考。〔註37〕而另有學者則認爲「小夫」即「匹夫」，是指沒有爵位的人。〔註38〕我們同意後一種看法，遍查《睡虎地秦墓竹簡》簡文，並無「小夫」作爵稱講的例證〔註39〕。秦簡中頻繁出現的多爲從公士到不更的低級爵位，與這些低級爵位並列的並無「小夫」這一爵稱，可見「小夫」並非爵稱，其身份應爲普通民眾，他們參軍一般是做雜役的，並非正式的士兵。

關於「校、徒、操」的身份，學界也看法不一。朱紹侯把《境內篇》的「爵自一級以下至小夫，命曰校徒操」句中的「校徒操」視爲三級爵位，即校、徒、操，加上一級以上的十七等爵。〔註40〕雖然這樣正好符合二十級的級數，但有兩點疑問：其一，如果一級公士以下還有三級爵位校、徒、操，那麼「爵自一級以下至小夫」的「小夫」，也應視爲一級爵位。若此，加上校、徒，操就是四級，再加上十七級，總數已爲二十一級；其二，「爵自一級以下至小夫，命曰校徒操」句同下文「爵自二級以上至不更，命曰卒」一句，顯然是相對應的。後句的意思很清楚，有二級上造以上至四級不更爵位者，稱爲「卒」。〔註41〕這裡的「卒」，顯然不能說成是一個爵等。前句的意思應該是有一級公士爵位以下至小夫（無爵），稱爲「校徒操」。因此，「校徒操」也不應該看作是爵位名稱。〔註42〕

〔註37〕　朱紹侯：《商鞅變法與秦國早期軍功爵制》，《零陵學院學報》，2004 年第 5 期。

〔註38〕　劉樂賢：《睡虎地秦簡日書注釋商榷》，《文物》，1994 年第 10 期。

〔註39〕　《睡虎地秦簡日書甲種》云：「陽日，百事順成。邦郡得年，小夫四成。以祭，上下群神饗之，乃盈志。」這裡的「小夫」聯繫上下簡文絕看不出是一種爵稱，與前文「邦郡」對舉，視爲小民反倒更爲妥當。詳見睡虎地秦墓竹簡整理小組編著：《睡虎地秦墓竹簡》，北京：文物出版社，1990 年 9 月第 1 版，第 181 頁。

〔註40〕　朱紹侯：《軍功爵制研究》，上海：上海人民出版社，1990 年 1 月第 1 版，第 35～38 頁。

〔註41〕　這裡說「二級以上至不更命曰卒」，可見有爵二級至四級者，在軍中仍是作爲士卒，與普通士卒同編爲伍。但從第五級即大夫一級開始已算高爵而不與士卒爲伍。睡虎地秦簡《法律答問》云：「大夫寡，當伍及人不當？不當。」可證大夫一級爵位較前四級待遇高。

〔註42〕　胡大貴：《商鞅制爵二十級獻疑》，《史學集刊》，1985 年第 1 期。

　　與朱說不同，大多數學者則認爲「校徒操」是軍中地位較低者，但具體意見分歧仍比較大。高亨認爲「校徒操士即教育操練的士兵」；張金光則認爲高說於文字雖可通，然而與其事大不合。從全篇內容來看，「校徒操」這部分人在軍中的地位甚低，是從事苦力勞動者。他結合大量秦簡材料及傳世文獻指出「校」乃「技」之誤，「出」爲「掘」之壞誤。「校徒操出」當作「技徒，操掘。」「技徒」乃其兵種名類，「操掘」乃其業。簡言之，此乃軍中之工程兵，其作者乃爲軍中之最苦重且最危險者〔註43〕；李零則據下文「吏自操及校以上大將」判斷，「校、徒、操」是由高到低排列的軍中小吏。

　　以上三種說法把「校徒操」或視爲負責教育操練的士兵、工程兵，或看作軍中小吏。比較而言，我們更贊同最後一說，即認爲他們是軍中小吏。除已有論據外，尚有以下幾點可資說明：其一，後文講攻城圍邑時云：「國司空訾其城之廣厚之數，國尉分地，以徒校分積尺而攻之，爲期，曰：『先已者當爲最啓，後已者訾爲最殿，再訾則廢。內通則積薪，積薪則燔柱……』」這裡是說在圍攻敵國城邑之前，「國司空」先測量城牆的寬度、厚度，然後再由「國尉」劃分地段，讓徒、校在各自的區域來負責。從對他們完成進度快慢的賞罰來看，最嚴重的賞罰是「廢」，即革職，這與秦律當中對工師、田嗇夫、牛長等負責具體任務的小吏的處罰是一致的，因爲秦律對於無職務的普通小民處罰一般是「諮」、「鞭笞」或「黥劓」。其二，相關律文顯示，擔任一定職務的小吏也要與其下屬共同參加勞動。如前文列舉的工師、牛長等人都和自己的下屬一起作工、放牛。又如「司寇」本爲刑徒名，但同時他還負責監管和看守城旦、舂等重犯，因此也屬於刑徒當中的管理者。他們與城旦、舂等一起從事同樣的勞作，而且屬於專職，不能讓他們去做趨車、烹炊等其他雜役。〔註44〕

　　從全文來看，「校、徒、操」既參與野戰中殺敵，還具體負責攻城圍邑。因此，他們應是軍中的小吏，與普通士兵同甘共苦。至此，我們認爲朱師轍的斷句是正確的，即「爵自一級已下至小夫，命曰校、徒、操，出公爵。自二級以上至不更，命曰卒。」

〔註43〕 張金光：《秦制研究》第十一章爵制第三節軍爵中的卒、徒之別，上海：上海古籍出版社，2004 年 12 月第 1 版，第 760～766 頁。

〔註44〕 秦簡《司空律》中不乏其例，見睡虎地秦墓竹簡整理小組編：《睡虎地秦墓竹簡》，第 88～91 頁。

第三，「客卿」爲官位、爵位之辨

《境內篇》在敘述了爵制等級之後，又云：「故客卿相，論盈，就正卿。」一般學者多把這裡的「客卿」、「正卿」放在爵制之外來考慮，或以爲客卿是一種官位，正卿比之高一級。〔註45〕而朱紹侯的解釋則與此不同，他認爲從上下文意來判斷，「客卿」與「正卿」應該是爵位的名稱，客卿是第十級，十一級是正卿，十二級是大庶長。客卿就是左庶長，商鞅入秦就是以客卿被封爲左庶長。如此上推，正卿當爲右庶長。〔註46〕在《墨子‧號令篇》也有例證。〔註47〕

那麼，究竟「客卿」屬於官位還是爵位呢？要對此做出明確的回答，還必須稽考其他文獻。「客卿」一詞，習見於《戰國策》、《史記》，如魏人張儀，秦惠王任之爲客卿〔註48〕。蘇秦，東周人，由燕入齊，齊宣王以爲客卿〔註49〕。樂毅，魏人，往來通燕、趙，燕、趙以爲客卿〔註50〕。魏人范睢〔註51〕、燕人蔡澤〔註52〕，皆被秦昭王任命爲客卿。李斯，楚人，仕於秦，秦王政以爲客卿。

何謂「客卿」？《資治通鑒》胡三省注云：「秦有客卿之官，以待自諸侯來者，其位爲卿而以客禮待之也」。〔註53〕這是對客卿較爲完整的解釋。按照胡注所言，客卿具有雙重身份：一爲客，是他國來的客人，因此「以客禮待之」；二爲官，以客人身份參與國家軍政事務，其位爲卿。因此，客卿這一稱謂和身份，只授給外來的士人。從上述例證可見，胡注說僅秦有客卿之官顯然是不準確的，客卿乃是戰國時期各國爲吸引他國士人而普遍設立的一級官名。一般是在他國士人初來本國，尚無功勞，其才能得到國君的賞識，因此讓其位比九卿，參與國家大事的情況下授給的。之所以稱爲客卿，還由於沒有被看作是本國的正式百員。正卿是對客卿而言，客卿立了功，「盈論」，就

〔註45〕高亨：《商君書注譯》，第 150 頁。
〔註46〕朱紹侯：《軍功爵制試探》，上海：上海人民出版社，1980 年 4 月第 1 版，第 25 頁。
〔註47〕朱紹侯：《軍功爵制研究》，第 39 頁。
〔註48〕《戰國策‧秦策二》
〔註49〕《史記‧蘇秦列傳》
〔註50〕《史記‧樂毅列傳》
〔註51〕《史記‧范睢蔡澤列傳》
〔註52〕《戰國策‧秦策三》
〔註53〕（宋）司馬光編著、（元）胡三省音注：《資治通鑒》卷二周紀二顯王三十六年，北京：中華書局據清胡克家翻刻元刊胡注本，1956 年 6 月第 1 版，第一冊，第 68 頁。

遷爲正卿，方被看成是本國的正式官員。遷正卿是以正式賜爵來表示的，如《史記・秦本紀》載，客卿胡陽因戰功而賜爵爲中更。劉劭《爵制》云：「自一爵以上至不更四等，皆士也。大夫以上至五大夫五等，比大夫也。九等，依九命之義也。自左庶長以上至大庶長，皆卿大夫，皆軍將也。」〔註54〕商鞅爵制只有十六級，則自左庶長以上至大良造以下均位比九卿，即屬正卿。所以，正卿既不是爵稱，也不是官名，應屬於一個爵等範圍。凡正式取得「卿」的官階的，均屬正卿。反之，客卿若爲爵稱，則不應當限制賜爵對象，無論國人、客人只要有功，均當賜予。前引事例已經表明客卿只賜給外來之人而非本國之民，也進一步從事實上證明客卿不是爵位名稱。秦統一之前，客卿之名史不絕書，而統一之後，由於天下之民同爲一國之黔首，產生客卿的歷史條件已經消失，故客卿之官亦隨之消失。因此，客卿、正卿似不宜視爲兩級爵位。〔註55〕

總之，《境內篇》記載的爵位，反映了商鞅變法以來秦國爵制特別是軍功爵的主要內容。對其中的內容進行辨析無疑是我們進行相關研究的基礎。

2. 軍功爵的論定和具體應用

除了詳細記載爵制等級外，《境內篇》還規定了攻城與野戰的立功標準、考覈辦法及懲罰措施以及軍功爵賞賜的具體辦法。

首先，關於爵賞原則。主要包括如下幾條：

1、尚首功。尚首功包括兩層含義：其一是以殺人多少爲標準，即所謂「斬首」之功；其二是一首一級，這裡的首指甲首〔註56〕，如《境內篇》所云：「能得甲首一者，賞爵一級。」這兩者具備其一即可獲賜爵位。不過由於爵制本身包括一定的等級，低等爵可以一甲首論一級，高等爵則有更多的限制，不可能輕易獲得。

2、將吏與士卒區別論功。斬首之功還分爲個人立功和集體立功兩種，這是由各人在軍中所處地位的不同決定的。普通士卒以個人斬首數量論功，而將吏則以集體論功。如《境內篇》規定，軍中小吏賜爵的標準爲：「五人一屯長，百人一將。其戰，百將、屯長不得斬首；得三十首以上，盈論。百將、

〔註54〕 《後漢書・百官志五》注引。

〔註55〕 胡大貴：《商鞅制爵二十級獻疑》，《史學集刊》，1985年第1期。

〔註56〕 這裡的「甲首」應指著鎧甲之敵軍，在戰爭中要斬獲甲士之首是比較困難的事情，因此普通士兵斬一首即賜爵一級。或謂著鎧甲者應是軍吏，身份比一般士卒要高，因此賞賜也相應較大。未詳孰是，聊備一說。

屯長賜爵一級。」而軍中的高級將領，則又不同，「能攻城圍邑，斬首八千以上，則盈論；野戰，斬首二千，則盈論。」秦對於軍吏強調並鼓勵其發揮指揮才能，而對於普通士卒則鼓勵其個人鬥志。這兩者界限嚴格，不得混同。秦律當中亦明令禁止將吏親自斬首，如《秦律雜抄》云：「故大夫斬首者，遷。」〔註57〕案，大夫列秦爵第五等，有此爵者其在軍中必定為軍吏。因此該律文明令禁止大夫親自斬首，違令者要處以流放之刑。從秦律對官吏的處罰來看，遷刑比革職、罰為鬼薪等徒刑還要重。秦國治軍之嚴由此可見一斑！

　　關於百將、屯長的爵級，據杜正勝考證百將在五百主之下，可能是大夫，或略低。官職視實缺容有高低，但爵位的進退卻是嚴格的。《境內篇》從四級進入五級，合屯長與百將而言，即是這緣故。而屯長大概可以具有不更的身份。不過，他也認為大夫與百將、不更與屯長也不必然符合。〔註58〕《境內篇》所言「百將、屯長不得斬首」恰與此律相合。當然在特殊情況下對普通士卒的軍功也是靈活的，不必人人斬獲一敵首才賜爵一級。如《境內篇》又規定，由十八人組成的攻城衝鋒隊，斬獲敵首五個，即可每人賜爵一級。畢竟攻城衝鋒是最為危險的事情，因此獎賞也比較特殊。從本質上講也是根據功勞的大小來賜爵。

　　以上賜爵原則表明，秦爵的授予既有原則，又不失靈活性。

　　其次，具體的賜爵步驟，大致有如下幾步：

　　第一步：「驗首」。《境內篇》規定：「以戰故，暴首三，乃校三日，將軍以不疑致士大夫勞爵。」即在戰爭結束後立即將所斬獲敵首公佈陳列，並加以校驗，驗首以三日為期限。秦簡《封診式》中有兩則「驗首」的案例，其中一則記載士伍甲與丙爭奪邢丘之戰的敵首，由軍戲某負責校驗診識，律文曰：「診首□齰髮，其右角痏一所，袤五寸，深到骨，類劍迹；其頭所不齊戲戲然。以書謁首曰：『有失伍及（遲）不來者，遣來識戲次。』」〔註59〕這裡軍中負責人對首級的頭髮、額頭創傷的深度及頸部刀口的形狀等做了詳細的校驗，最後還用文書徵求同伍掉隊的和遲到的前來軍戲駐地辨認。之所以如此仔細，是為了給論功提供一個可靠的根據。由此亦足見秦人對軍功爵之重視。

　　第二步：「論」。首級經校驗無誤後，便可論賜勞爵。《境內篇》規定：「（夫勞爵其縣）過三日有不致士大夫勞爵，罷其縣四尉，訾由丞尉。」由此可見

〔註57〕睡虎地秦墓竹簡整理小組編：《睡虎地秦墓竹簡》，第 131 頁。
〔註58〕杜正勝：《從爵制論商鞅變法所形成的社會》，第 505 頁。
〔註59〕睡虎地秦墓竹簡整理小組編：《睡虎地秦墓竹簡》，第 257～258 頁。

斬首數目在軍中校驗無誤後，其結果要提供給士卒籍貫所在縣，由縣根據規定論予功爵。論次功爵必須迅速，不得超過戰後三天；否則要罷免縣中尉官。雲夢睡虎地 11 號木牘，是秦王政時戰士黑夫從前線寫的家信，黑夫在信中曰：「書到皆為報，報必言相家爵來未來。」〔註 60〕黑夫詢問家裏當地政府是否給他論功予爵，這也證明《境內篇》關於軍功爵的論定是符合實際的。

第三步：「賜」。即在論功予爵的同時賞賜各種相應待遇。「論」是按照功勞大小來實行的，而「賜」則是與爵位等級直接掛鈎的。「賜」的具體內容包括如下幾個方面：

（1）獲得田宅及庶子隸家。《境內篇》規定：「能得甲首一者，賞爵一級，益田一頃，益宅九畝，級除庶子一人」。獲得爵位，即賜予田宅及庶子作為隨從。《封診式》有爰書云：「某里公士甲縛詣大女子丙，告曰：『某里五大夫乙家吏。丙，乙妾也。乙使甲曰：丙悍，謁黥劓丙。』」〔註61〕按，五大夫屬於秦爵第九等，屬於高爵。該文書顯示爵五大夫的乙擁有管理家務的私吏，還有奴婢。雖然律文中只出現了家吏甲和妾大女子丙，但五大夫乙擁有的僕從當為數不少。

（2）可以繼承。秦簡的相關記載表明，軍功爵是可以父死子繼的。《秦律雜抄》有律文云：「戰死事不出，論其後。有（又）後察不死，奪後爵，除伍人；不死者歸，以為隸臣。」〔註 62〕文謂在戰爭中死事不屈，應將爵位授予其子。如後來察覺此人未死，應褫奪其子的爵位，並懲治同伍的人；那個未死者回來，作為隸臣。

（3）可以為吏。《境內篇》謂獲爵後，「乃得入兵官之吏。」意即方才可以在軍隊中擔任官吏。《韓非子‧定法篇》曾謂「商君之法曰：斬一首者爵一級，欲為官者為五十石之官；斬二首者爵二級，欲為官者為百石之官。」這些顯然是針對軍功爵而言的，而且從這段話明確「欲為官者為……之官」，這其實暗含不當官也是可以享有爵位的，畢竟國家的官職數量是有一定限度的。韓非對商君之法軍功爵可以為吏的徵引有與史實乖戾之處，前文在論述《境內篇》成書年代時業已辨明，茲不贅述。

〔註60〕 《湖北雲夢睡虎地十一座秦墓發掘簡報》，《文物》，1976 年第 9 期。整理者從雲夢四號墓出土的器物形制與十一號墓，以及其他地區戰國晚期墓或秦墓出土的同類器物相比較判斷，該墓的年代當在秦統一以前。
〔註61〕 睡虎地秦墓竹簡整理小組編：《睡虎地秦墓竹簡》，第 260 頁。
〔註62〕 睡虎地秦墓竹簡整理小組編：《睡虎地秦墓竹簡》，第 146 頁。

（4）可以減、免罪刑。《境內篇》還規定：「其獄法，高爵訾下爵級……爵自二級以上，有刑罪則貶。爵自一級以下，有刑罪則已。」這說明有爵者可以用爵位來減刑。秦簡《軍爵律》又提供了爵位可以免隸臣妾為庶人的證據，其文曰：「欲歸爵二級以免親父母為隸臣妾者一人，及隸臣斬首為公士，謁歸公士而免故妻隸妾一人者，許之，免以為庶人。」〔註63〕

3. 商鞅爵制的特色

秦爵以軍爵為主，民爵甚為罕見，而漢代的民爵則非常普遍。秦的軍爵憑戰功和勞績，而漢代的民爵則賴天子賞賜，此其一；秦爵至七或八級已經算高爵，不易達到。而漢代的民爵僅憑賞賜就可以達到八級的公乘，此其二。〔註64〕

商鞅變法時吸取各國的改革經驗，結合秦國的情況，頒佈了「有軍功者，各以率受上爵；為私鬥者，各以輕重被刑」的法令。這樣就在秦國建立了「明尊卑爵秩等級各以差次，名田宅臣妾衣服以家次」〔註65〕的新的封建等級制度。從此秦的新興貴族們可以根據「勞大者其祿厚，功多者其爵尊」的原則，牢固地掌握政權，而舊貴族的政治特權卻被剝奪，並據此又定出「宗室非有軍功，論不得為屬籍」的說法。事實上，宗室貴族還是獲得一定優待，如睡虎地秦簡《法律答問》抄錄了這樣一條律文，其中規定：「內公孫無爵者當贖刑，得比公士贖耐不得？得比焉。」「內公孫」指宗室的後裔。意即沒有爵位的宗室子孫應判處贖刑的，可否與公士同樣減處贖刑？可以同樣判處。〔註66〕無爵之內公孫，顯然是沒有軍功者，從這條簡文來看，他們似乎仍隸屬於宗室。在軍功爵制的規定下，人的政治地位要由有無軍功來決定。《商君書·刑賞篇》：「利祿官爵，摶出於兵。」「富貴之門，必出於兵。」這就說明秦人要獲得富貴爵祿，立下軍功是重要的渠道。秦昭王十四年（公元前293年）的伊闕之戰，秦將白起因斬首二十四萬之大功，官職升為國尉，爵封由左更升至大良造。

軍功爵制在秦統一六國的過程中也發揮了很大的作用，如李斯在獄中給秦二世的上書中即言及：「先王之時，秦地不過千里，兵數十萬，臣盡薄材，

〔註63〕睡虎地秦墓竹簡整理小組編：《睡虎地秦墓竹簡》，第93頁。
〔註64〕武尚清譯，（日）西嶋定生著：《二十等爵制研究——中國古代帝國的形成與
　　　　結構》，北京：國際文化出版公司，1992年8月第1版，第62～63頁。
〔註65〕《史記·商君列傳》
〔註66〕睡虎地秦墓竹簡整理小組編：《睡虎地秦墓竹簡》，第231頁。

謹奉法令，陰行謀臣，資之金玉，使遊說諸侯；陰修甲兵，飾政教，官鬥士，**尊功臣，盛其爵祿**，故終以脅韓弱魏，破燕、趙，夷齊、楚，卒兼六國，虜其王，立秦爲天子。」〔註67〕

綜上所述，從《商君書》的記載我們發現：軍功爵在秦國長期佔據主導地位，這與秦自商鞅變法以來的具體戰略有關，秦自商鞅變法後國富兵強，幾乎連年對外發動戰爭。秦爲「尙首功之國」，商鞅本人對軍功爵制的作用也高度重視。《錯法篇》有言：「行賞而兵彊者，爵祿之謂也。爵祿者，兵之實也，是故人君之出爵祿也道明。道明則國日彊，道幽則國日削。故爵祿之所道，存亡之機也。夫削國亡主非無爵祿也，其所道過也。三王五霸其所道不過爵祿，而功相萬者，其所道明也。」這裡把推行軍功爵制得當與否，視爲國家「存亡之機」，未免言之過甚，但也足見其對軍功爵制的重視程度。對軍功進行爵賞集中體現了法家信賞必罰的思想特點。

值得一提的是，軍功爵制的實施與戰國時期兵制的變革直接相關。西周春秋時期，軍事活動僅限於居於國中的各級貴族，居於鄙野的庶民一般是作爲軍中的汲樵廝輿之類雜役而出現的。進入戰國時代，包括庶民在內的所有民眾都被納入國家的徵兵範圍之內，庶民得以參加戰陣，這是他們可因軍功而獲爵的重要前提條件。

二、「粟爵粟任」──納粟拜爵淺析

以往學界對商鞅變法更改爵制的研究皆側重於軍功爵上，但其實商鞅的爵制還包括「納粟拜爵」。《商君書》中曾不止一次提及關於納粟拜爵之制，由於目前學界對此關注較少，茲辨析如下：

最早提出這一制度是在《去彊篇》，是篇謂：「興兵而伐，則武爵武任，必勝；按兵而農，粟爵粟任，則國富。」朱師轍解釋此句說：「武爵武任，謂以戰功大小賜爵任官；粟爵粟任，謂以致粟多寡賜爵任官。《史記·商君列傳》『有軍功者，各以率受上爵。……大小僇力，本業耕織致粟帛多者復其身』是也。」〔註68〕《弱民篇》更進一步解釋「納粟拜爵」的目的與功效，云：「故民富而不用，則使民以食出官爵。官爵必以其力，則農不偷。農不偷，六蝨

〔註67〕 《史記·李斯列傳》
〔註68〕 朱師轍：《商君書解詁定本》，第19頁。朱氏引《商君列傳》原文有遺漏，斷句亦有誤。此處的標點從日人瀧川資言之說，見《史記會注考證》卷六十八，第3404頁。

無萌。」

　　另外，《壹言》、《靳令》兩篇亦有類似論點。如《壹言篇》謂：「農則易勤，勤則富，富者廢之以爵，不淫。」《靳令篇》：「民有餘糧，使民以粟出官爵。官爵必以其力，則農不怠。」此即所謂納粟拜爵之制。商君以農戰爲國，於農穀必有詳密之管理方法，惜其書殘缺不可復睹。納粟拜爵之制恰巧爲我們瞭解商鞅的農戰政策提供了一個重要的切入點。

　　從上述言論可以看出，納粟拜爵的初衷是爲了解決壹民於農政策的弊病。畢竟相對於以戰致強來說，以農求富的目標更容易實現，且見效快。秦國所在的關中地區是以擅長農耕著稱的周人發祥地，這裡土地肥沃，且有重農的傳統，因此農業是比較發達的。早在春秋時期，秦國就曾多次大舉運糧賑濟晉國的災荒，著名的「泛舟之役」即可見一斑。〔註69〕秦孝公任用商鞅主持變法，爲鼓勵農耕曾專門下達「墾草令」〔註70〕，在嚴刑峻法之下，秦國農業迅速出現豐收之效是自然之事。而隨之產生的問題就是民眾包括農民和各類地主在上繳國家賦稅之後，尚存有多餘的糧食。針對這一情況，《去彊篇》有詳盡而深入的分析，其文曰：「金生而粟死，粟死而金生。本物賤，事者眾，買者少，農困而姦勸，其兵弱，國必削至亡。金一兩生於境內，粟十石死於境外。粟十二石生於境內，金一兩死於境外。國好生金於境內，則金粟兩死，倉府兩虛，國弱。國好生粟於境內，則金粟兩生，倉府兩實，國彊。」這段話論述了糧食與錢幣的辯證關係，說明一方面國家要以農爲本、重視農耕；同時又要控制糧食的流通，避免讓農民因爲糧價低而受損失，這樣才能富強至王。更爲嚴重的後果是民眾富裕之後容易變得驕奢淫逸，就難以管理並爲國所用。如《說民篇》云：「民貧則國弱，富則淫，淫則有蝨，有蝨則弱。故貧者益之以刑則富，富者損之以賞則貧。」「故曰王者國不蓄力，家不積粟。國不蓄力，下用也。家不積粟，上藏也。」

　　「納粟拜爵」正是在這樣的背景下提出的一種對策，它一方面可以提高農民「務疾農」的積極性；還能夠讓民眾的財富向國庫集中，形成國富民弱的局面。民眾不會變得驕縱，易於聽從國家的派遣。可以說，這一制度的創立與實施，才眞正確保了秦國的農業朝著持續增長的方向發展，從而爲對外

〔註69〕　《左傳》僖公十三年（公元前 647 年）記載晉惠公在位期間由於連年災荒，倉廩空虛，向鄰近的秦國買糧。「秦於是輸粟於晉，自雍及絳相繼，名之曰『泛舟之役』。」
〔註70〕　《商君書・更法篇》

征戰提供了堅實的物質基礎。

秦王政四年（前 243 年）十月庚寅，「有蝗蟲從東方來，蔽天，天下疫，百姓內粟拜爵一級。」〔註71〕這是商鞅變法後文獻明確記載的第一次納粟拜爵，說明納粟拜爵之制在秦國是付諸政治實踐的，《商君書》所言非虛。這次納粟拜爵是由蝗災引起的，目的是為解決糧荒問題。

有學者指出納粟拜爵「實質是變相賣爵，開後世賣爵的先例。」〔註72〕事實上，《商君書》中多次出現的「粟爵粟任」、「納粟拜爵」的主張表明：至少納粟拜爵的初衷是為了驅民於農，這一舉措完全符合商鞅本人的農戰策略。實施「納粟拜爵」，也符合商鞅本人重農抑商的政策。如《去彊篇》所言，通過實行輸粟可以得官爵的措施，使農民的大部分餘糧直接轉入國家手中，從而大大減少糧食上市的數量，這樣商人想要囤積居奇，便會更加困難。而農民拿到市場上去出賣的糧食數量減少，糧價必然上漲，這樣從事農業生產變得有利可圖，故農民從事農業生產的積極性也會大大提高。因此，「納粟拜爵」的出發點是好的，也與爵制在秦人政治生活中的重要作用相符。至於說後來發展成變相的賣爵是漢代爵制輕濫、政治昏暗的結果，也是出乎創制者的本意的。至少在戰國及秦代爵制比較盛行的時代，納粟拜爵的積極性是不容否定的。

漢文帝時晁錯在著名的《論貴粟疏》中對納粟拜爵之制亦有詳細的闡述，其文曰：「方今之務，莫若使民務農而已矣。欲民務農，在於貴粟；貴粟之道，在於使民以粟為賞罰。今募天下入粟縣官〔註73〕，得以拜爵，得以除罪。如此，富人有爵，農民有錢，粟有所渫。夫能入粟以受爵，皆有餘者也。取於有餘，以供上用，則貧民之賦可損，所謂損有餘、補不足，令出而民利者也。順於民心，所補者三：一曰主用足，二曰民賦少，三曰勸農功。」〔註74〕

我們前文曾經提及，晁錯年少時曾經跟隨軹縣人張恢學習申不害、商鞅的刑名之學，由此可見《論貴粟疏》中「納粟拜爵」的提議應直接源自《商君書》所述納粟拜爵之制的影響。

三、勞爵

由於軍功爵的限制和晉爵標準非常嚴格，對有戰功而不夠晉爵資格的

〔註71〕《史記·秦始皇本紀》
〔註72〕朱紹侯：《軍功爵制研究》，第 105 頁。
〔註73〕漢代對官府的通稱。
〔註74〕《漢書·食貨志》

人，商鞅還規定了「勞」以補其不足。《境內篇》一再「勞、爵」並稱。睡虎地秦簡《中勞律》云：

「敢深益其勞歲數者，貲一甲，棄勞。」〔註75〕

此「勞」與《墨子・號令篇》：「數使人行勞、賜守邊城關塞、備蠻夷之勞苦者」所「行」之「勞」同。古時勞績常以日計算，有功時即「賜勞」若干日，有過時則罰若干日。

秦的「賜勞」、「致勞」，或如睡虎地秦簡《軍爵律》「從軍當以勞論及賜」〔註76〕，這裡的「勞」皆指勞績，雖然不及爵位尊貴，但也是身分和榮寵的一種表徵。

四、對《商君書》所見爵制的若干認識

（一）爵制正名　　秦爵不等於軍功爵辨析

前文業已指出，秦的爵制有其發展演變的過程，《漢書・百官公卿表》所載的二十等爵是其最後的完成形態，《境內篇》所言爵制保留有更爲早期的痕迹。爲了適應戰國形勢發展的需要，秦爵的一個突出特點即同軍功緊密結合。正是在這個意義上，有學者把秦爵制稱爲「軍功爵」。

案，這種觀點不無道理，但是由於秦的爵制還可以通過其他途徑獲得，因此這種說法實際上欠妥當。從上述對《商君書》所見爵制的分析中即可明白得看出，我們認爲秦國的爵制稱爲因功拜爵更爲恰當。《史記・商君列傳》講商鞅變法時實行爵制時謂「有功者顯榮，無功者雖富無所芬華」即是對此很好的注解。此外，尚有如下幾點可資證明：

首先，商鞅的變法令即已表露出其爵賞不限於軍功的原則，其文曰：「令民爲什伍，而相牧司連坐。不告姦者腰斬，告姦與斬敵首同賞，匿姦與降敵同罰。」〔註77〕而眾所周知，「商君之法曰：斬一首者爵一級，欲爲官者爲五十石之官；斬二首者爵二級，欲爲官者爲百石之官。」〔註78〕既然「告姦與斬敵首同賞」，這就表明告姦者亦可獲得爵賞，換言之，爵制的授予範圍是比較廣泛的。睡虎地秦墓竹簡中有這樣一條材料，《捕盜律》曰：「捕人相移以

〔註75〕睡虎地秦墓竹簡整理小組編：《睡虎地秦墓竹簡》，第 135 頁。
〔註76〕睡虎地秦墓竹簡整理小組編：《睡虎地秦墓竹簡》，第 92 頁。
〔註77〕《史記・商君列傳》
〔註78〕《韓非子・定法篇》

受爵，耐。」〔註79〕這條律文意謂把所捕的人轉交他人，藉以騙取爵位的，處以耐刑。這就表明當時秦國法律對在軍功之外的其他方面有功之人皆賜予爵位。

其次，商鞅個人的經歷亦是典型的例證。據《史記·秦本紀》記載，秦孝公採納商鞅之農戰政策後，「居三年，百姓便之。乃拜鞅爲左庶長。」這裡商鞅受封左庶長之爵位顯然不是因爲軍功，而是因爲政績卓著。

第三，嚴格實行論功受爵賞的原則。秦昭襄王時，秦大饑。應侯提議用五苑之果蔬來賑濟民眾，遭到昭襄王的回絕，因爲「吾秦法，使民有功而受賞，有罪而受誅。今發五苑之蔬果者，使民有功與無功俱賞也。夫使民有功與無功俱賞者，此亂之道也。夫發五苑而亂，不如棄棗蔬而治。」〔註80〕史書確載秦國非功賜爵的僅有三例：秦昭王二十一年（前286年），「（司馬）錯攻魏河內，魏獻安邑，秦出其人，募徙河東，賜爵，赦罪人遷之。」〔註81〕這是商鞅變法後、秦王政以前唯一的一次非軍功賜爵詔令。秦昭王二十六年、二十七年、二十八年均有徙民的記載，但都是「赦罪人」，並無徙民賜爵的記錄。秦始皇二十七年、三十六年兩次賜民爵。上述事例說明秦爵尚功，且不輕易賜爵。

綜上所述，我們認爲《商君書》中所見商鞅爵制相當複雜，絕非「斬一首者爵一級」的軍功授爵所能涵蓋。社會各個階層的個體獲得爵位這一身份進階，無論難易，均有路徑。即便未達到晉爵標準的，有功還可得到勞賞。因此，這種爵制對於充分鼓舞和刺激人們的功利進取之心是非常完善的制度。

（二）爵制的具體內容

《商君書》所見之爵制，如《境內篇》所說大致包括十六個等級。而按照《史記·商君列傳》所言，「明尊卑爵秩等級，各以差次。名田宅、臣妾衣服，以家次。」各個爵等在田宅、臣妾、服食等方面的待遇是有別的，僅以傳食待遇爲例，睡虎地秦簡爲我們提供了珍貴的資料。秦簡《傳食律》規

〔註79〕 睡虎地秦墓竹簡整理小組編：《睡虎地秦墓竹簡》，第147頁。有學者指出這條律文說明軍功爵制不僅適用於軍功，而且也頒賜給捕盜有功的人，以此類推，也可以頒賜其他方面有功的人。（見朱紹侯：《軍功爵制研究》，第42頁。）我們認爲這種認識無疑誇大了軍功爵制的範圍，按照商鞅及其學派信賞必罰的治國方略，對有功者進行適當的賞賜包括賜爵是順理成章的，不必僅限於軍功。

〔註80〕 《韓非子·外儲說右下》

〔註81〕 《史記·秦本紀》

定：「其有爵者，自官士大夫以上，爵食之。」〔註82〕律文謂爵爲大夫、官大夫以上的，按其爵級規定供應飯食。整理者注曰：「官士大夫，指秦爵第五級大夫和第六級官大夫。《漢舊儀》：『大夫，五爵，賜爵五級爲大夫，大夫主一車，屬三十六人。官大夫，六爵，賜爵六級爲官大夫，官大夫領車馬。』又：『令曰：秦時爵大夫以上，令與亢禮。』」準此，則秦時爵制的等級是非常嚴密的，不同爵級的待遇是有專門規定的，自第五級大夫開始即配備一輛車，顯示出超乎前四級的尊貴性。大夫以下的爵位僅傳食的待遇顯然就差了很多，《傳食律》緊接著說：「不更以下到謀人，粺米一斗，醬半升，采（菜）羹，芻稾各半石。宦奄如不更。」整理者注謂：「不更，秦爵第四級，《漢舊儀》：『不更，四爵，賜爵四級爲不更，不更主一車司馬。』謀人，據簡文當爲秦爵第三級簪裊的別稱。」律文顯示爵爲不更的傳食待遇與宦者相同。至於上造以下的低級爵位，其傳食待遇爲「糲米一斗，有菜羹，鹽廿二分升二」，與「自佐、史卌（無）爵者」及「卜、史、司御、寺、府」之類人等等同。

　　爵制的賞賜包括勞役豁免、賦稅豁免，賜田、宅、錢財等，有罪可抵償；死後還可以在墓上封樹。這些從另一方面也反映出當時秦法之嚴酷及百姓負擔之重，否則它不會制定得如此詳細，對百姓的誘惑力也才會很大。

　　商鞅的爵制與西周春秋以來的公侯伯子男之五等爵制已迥然不同，具體表現在以下幾個方面：首先，獲取爵位的標準不同。以前得封五等爵者，或爲功勳，或爲宗室，或爲先王後裔，或爲強有力者，不必有功於國。而秦國的新爵制則只限於有功者，它是按照有功授爵顯榮、無功者雖富無所芬華的原則來推行的。故雖宗室，無軍功，亦不得屬籍封爵。其次，有爵者的待遇不同。以前封爵，均授民、授土，是封地內的君長。而新爵制下除徹侯等高爵外，一般只有爵名，而無封土。即使是獲得封土的高爵，他們所擁有的也僅是封地內的稅收，對封地並無管理權。因此，有爵者大多無土可私，無民可子。爵名與封土分離。第三，爵位的時效不同。以前的爵位，一經授予，即可世襲。極少變動。而新爵制則有功者進爵，有罪者奪爵。隨時可以予奪，較少固定性。

　　總之，《商君書》所見爵制是戰國時代尚賢、尚功等觀念在制度上的直接反映。當時秦國的爵制並不局限於軍功，在其他方面有功之人皆可獲賜爵位。軍功爵、納粟拜爵、捕盜賜爵等等名目，恰好反映了秦國堅持法家信賞必罰的治國方略。國家鼓勵民眾的重要措施就是賜爵，民眾的軍功和納粟等都以

〔註82〕睡虎地秦墓竹簡整理小組編：《睡虎地秦墓竹簡》，第101頁。

爭得爵位為實際目的，這就使民眾利益和國家利益一定程度上取得了一致，顯然有助於上下一心。

如果說西周春秋時期君主的「賜命」凝聚了廣大的貴族階層，那麼戰國時期的爵制特別是軍功爵制則調動了廣大民眾的積極性。從「賜命」到「賜爵」，並不僅僅表現的是賞賜方法的變化，更為重要的是，它還反映了在政治舞臺上普通民眾地位的加強。相對於西周春秋以來的貴族世襲五等爵制和世卿世祿制，軍功爵制在戰國時期是一種很有活力的政治體制。對於摧毀諸侯割據的封建政治，建立中央集權的君主專制政治，爵制可謂功莫大焉！

需要指出的是，儘管爵制在戰國至秦代的社會生活中佔有重要的地位，但由於當時社會的不斷分化，有些無爵或低爵者的經濟地位也會超過爵位較高者。睡虎地秦簡《法律答問》曾以上造甲偷盜一隻羊為例，上造是秦爵第二級。《封診式》中的《群盜》章，則記載士伍（無爵者）數人共同搶劫公士某家，「盜錢萬」，公士是一等爵。從這兩支簡文可以看出，低爵的公士某顯然要比高爵而盜羊的上造甲富有得多。這就提醒我們簡單地以爵制的等級來分析當時的社會及其階層，未必能得出準確的結論。

在秦國的政治實踐當中，還出現了無功亦可授爵的先例，這是作為皇帝的賞賜而出現的。如《史記・秦始皇本紀》載始皇二十七年「初併天下」，「賜爵一級」以示慶賀；三十六年「遷北河榆中三萬家，拜爵一級。」這種做法發展到了漢代，幾成定法。兩漢每代皇帝，殆皆行之。少者一次，多者有十四次如宣帝。賜爵之外，爵位又可繼承或買賣……爵制遂泛濫成災。但這顯然已超出本文討論的範圍。

第三節　《商君書》所見其他制度雜考

除了對爵制、田制等較為集中的描述外，《商君書》還涉及到賦稅徭役制度、軍事制度、館驛郵傳制度等內容，惜較為零碎，且語焉不詳，故此處省略不作探討。茲將其中所見戶籍制、官制等可略作分析者，分條簡述如下：

一、「舉民眾口數，生者著，死者削」──《商君書》所見戶籍制度考析

戶籍制度是古代國家嚴密控制人口、推行授田制以及徵發賦役的基礎。

秦國極重戶籍，早在獻公時期，就曾「為戶籍相伍。」〔註83〕到秦孝公時，任用商鞅實行變法，戶籍制度更臻完備。《商君書》中保留了不少關於戶籍制度的珍貴史料，對於我們瞭解戰國至秦的戶籍制度提供了重要的信息。在《商君書》中提及戶籍制度的有《墾令》、《去彊》、《算地》、《徠民》等篇，從中我們發現秦國的戶籍制度規定細緻、管理嚴格。具體表現在如下幾個方面：

第一、舉民眾口數，生者著，死者削

在出自商鞅之手的篇章中，成書較早的《境內篇》開篇即言：「四境之內，丈夫女子皆有名於上，生者著，死者削。」所謂「有名於上」，即指姓名登記於官方的戶籍上。而成書稍晚的《去彊篇》則申之更詳，曰：「舉民眾口數，生者著，死者削。民無逃粟，野無荒草，則國富。國富則彊。」朱師轍注曰：「此戶籍之法也。舉凡民眾戶口之數，生者著於籍，死者削其名。戶籍可考，故民不逃粟，而土地盡墾。逃粟，逃賦稅也。《孟子》有『粟米之征』，趙岐注：兵糧也。」〔註84〕按，此處的「民不逃粟」之「粟」似乎並非指逃避粟米之征，從下文「本物賤，事者眾，買者少，農困而姦勸，其兵弱，國必削至亡」來看，本篇的「粟」應指代農業。成書於商鞅正式變法前的《墾令篇》曾羅列二十條驅民於農的措施。因此，凡登記於官方戶籍的人等均須致力於墾草，不得逃避。《去彊篇》不僅重申官府的戶籍冊上對各色人等皆應有記錄，還進一步指出登記戶籍的作用在於使「民無逃粟」，荒野盡被開墾，國家隨之富強。

商鞅時期大力推行的嚴格戶籍制度在秦國得以長期延續，睡虎地秦簡《效律》即證明了這一點，律文曰：「人戶、馬牛一以上為大誤。誤自重也，減罪一等。」〔註85〕意即如果會計帳目錯算人口一戶或牛馬一頭以上是重大錯誤；如係自行察覺，可減罪一等。律文雖沒有明確說對出現重大失誤者處以何種懲罰，但據前文規定，即對帳目誤差超過六百六十錢以上者，罰該官府的嗇夫一甲，並責令賠償。罰一甲已屬於貲罰中很重的處罰。由此看來，登記人口出現錯誤屬於「大誤」，處罰之重一定超出罰甲是毋庸置疑的。

相比登記人口出錯的「大誤」，秦律對「削籍」者的處罰尤為嚴苛。睡虎地秦簡《游士律》，其文曰：「有為故秦人出，削籍，上造以上為鬼薪，公士

〔註83〕《史記·秦始皇本紀》
〔註84〕 朱師轍：《商君書解詁定本》，第18頁。
〔註85〕 睡虎地秦墓竹簡整理小組編：《睡虎地秦墓竹簡》，第125～126頁。

以下刑爲城旦。」〔註 86〕整理者注謂，有幫助故秦人出境，或削去名籍的，上造以上罰爲鬼薪，公士以下刑爲城旦。

有學者對該釋文提出異議，認爲這一解說忽略了簡文所處語境，律文中的「有爲故秦人出」與「削籍」應屬於承接關係而非並列關係，「有爲故秦人出」乃承接《游士律》前文「游士在，亡符」而來，針對的是無符的游士。其後之「削籍，上造以上爲鬼薪，公士以下爲城旦」乃是對這種原爲秦人的無符游士出境的懲罰。因此合理的解釋應爲：游士原爲秦人（而無符）出境的，要從原戶籍中除名，上造以上罰爲鬼薪，公士以下刑爲城旦。〔註 87〕

案，此說提醒我們注意秦律簡文的前後語境，將「有爲故秦人出」與「削籍」理解爲承接關係而非並列關係，這種認識是非常有見地的。然而將「爲故秦人」理解爲游士原爲秦人（而無符）出境則明顯過於牽強。作爲法律條文理當措辭簡潔準確，不應如此迂迴曲折。秦簡整理者業已指出，「故秦人」即《商君書‧徠民篇》的「故秦民」，指秦國本有的居民，與原屬六國的「新民」對稱。「游士」在《商君書》及戰國秦漢的文獻中主要是指以言談遊說之士，也包括「勇士」、「技藝之士」等各類游食之人。可見，游士主要是指靠一技之長遊走四方謀食之人。而《墾令篇》曾經明確禁止秦人上至大臣諸大夫、下至平民從事游宦、游居及游食、游蕩等行爲，其文曰：「令民無得擅徙」；「重刑而連其罪」，「則怠惰之民不游」；「均出餘子之使令」，「則餘子不游事人」；「國之大臣諸大夫，博聞、辯慧、游居之事，皆無得爲，無得居游於百縣」等等。由此可見，秦國本身是反對和禁止本國人做游士的。因此，這裡的游士應非「故秦人」。

另外，若將「削籍」理解爲對「有爲故秦人出」的處罰還存在如下疑問無法解答：

其一，「爲故秦人出」的身份如果是官吏，「削籍」則或可理解爲銷去官籍，即革職。後世文獻中亦有此用法。然而睡虎地秦簡中對官吏撤職一般稱「廢」或「除籍」，如《除弟子律》文曰：「當除弟子籍不得，置任不審，皆耐爲候。」〔註 88〕這裡的「除籍」，指自簿籍上除名。《史記‧蒙恬列傳》云：「除其宦籍」。「削籍」即削除官籍的說法僅此一例，有孤證之嫌。而且從古

〔註 86〕 睡虎地秦墓竹簡整理小組編：《睡虎地秦墓竹簡》之《秦律雜抄》，第 130 頁。
〔註 87〕 周群、陳長琦：《秦簡〈秦律雜抄〉譯文商榷》，《史學月刊》，2007 年第 1 期。
〔註 88〕 睡虎地秦墓竹簡整理小組編：《睡虎地秦墓竹簡》之《秦律雜抄》，第 130 頁。

代刀筆吏書寫慣例來看,「削」主要是指更正訛誤之用。因此,「削籍」恐與「除籍」有別。

其二,「爲故秦人出」的身份若是百姓,則不可能有被「削籍」的處罰,因爲即使罪犯也是有登記的。秦統治者爲控制全國民力費盡心思,不可能輕易銷去他們的戶籍的。一般情況下,如《境內篇》所述,只有死去才會被削籍。

其三,「爲故秦人出」的身份若是游士,秦國對這些人設有游士籍,他們膽敢協助故秦人出境,就削去其游士籍,這樣游士出入秦境會多有阻礙。然而下文的「上造以上爲鬼薪,公士以下刑爲城旦」就有些費解了!游士在秦國能普遍得到爵位嗎?「上造以上、公士以下」云云表明「爲故秦人出者」獲爵的幾率是很高的,但唯獨游士不大可能。因爲《商君書》中反覆強調爵位只能授給有軍功者和務農者,並堅決打擊游士等逃避農戰之民。如《農戰篇》即言,「國之所以興者,農戰也。」「善爲國者,其教民也,皆作壹而得官爵」。

因此,我們認爲「有爲故秦人出」與「削籍」還應理解爲並列關係。至於這兩種違令行爲究竟是官吏、還是普通民眾或有爵者所爲,從秦簡對不同身份者的處罰標準來分析或可找到答案。鬼薪、城旦皆是刑徒,這在秦律的處罰中算是較爲嚴屬的。秦簡中對不同身份的人處罰是有差別的:如對無爵者的處罰大致有笞→貲罰→候、司寇、隸臣妾、鬼薪白粲、城旦舂等徒刑→黥、劓、刖等肉刑→戮、棄市、磔等死刑,處罰程度依次加深;對有爵者的處罰則是從降爵等→免爵→贖刑→罰爲司寇、隸臣妾、鬼薪白粲、城旦舂等刑徒;而對官吏的懲罰則是誶(申斥)→貲刑→繫作(拘禁勞作)→廢(即革職)→罰爲司寇、隸臣妾、鬼薪白粲→遷刑(流放)→刑爲城旦舂→劓、黥等肉刑→死刑等。相比而言,革職重於貲罰,輕於徒刑。〔註89〕從簡文「爲故秦人出,削籍」的行爲來判斷,能在出入境關口和官方戶籍上「做手腳」者多爲吏,普通民眾及有爵者少有這樣的特權和便利。《墾令篇》有「令民無得擅徙」的說法,也說明故秦民是不得私自遷徙或出境的。

另外,《游士律》僅有這兩段話,前後文之間均用中圓點隔開。一般認爲,簡牘文書中出現在簡行之中兩字之間的圓點表示節號或句號,以示區分。〔註90〕因此,論者將前一段的「游士」視爲後一段「有爲故秦人出」的

〔註89〕劉海年:《秦律刑罰考析》,見中華書局編輯部編:《雲夢秦簡研究》,北京:中華書局,1981 年 7 月第 1 版,第 171～204 頁。

〔註90〕鄭有國編著:《簡牘學綜論》,上海:華東師範大學出版社,2008 年 10 月第 1版,第 42 頁。

主語，也有違簡牘文書常例。

所以，我們判斷這裡的處罰對象似應爲官吏，並非游士。秦法對於國家戶籍之重視由此可見其一斑。

綜上所述，「舉民眾口數，生者著，死者削。」短短十二個字實則包含著豐富的社會歷史信息，其後有嚴格的律令條文來保證無人敢犯令，更有大量的基層官吏群體來負責具體落實，眞可謂字字千鈞！

需要指出的是，由於戶籍制度是國家征派徭役、兵役、收取賦稅的基礎，因此對不同年齡、性別的人口實行分類統計顯然是非常必要的。如《去彊篇》云：「彊國知十三數：境內倉口之數，壯男壯女之數，老弱之數，官士之數，以言說取食者之數，利民之數，馬牛芻藁之數。」其中的壯男、壯女、老弱、官士、以言說取食者、利民即指以性別、年齡、職業等所劃分之各色人等，國家之所以要對各類人口資料分別登記，也主要是基於上述考慮。

在睡虎地秦簡中，我們也能找到戶口分類統計的例證。如前引《除弟子律》中有「當除弟子籍不得」的說法，所謂「弟子籍」即吏的弟子的名籍，應屬於官士之數的一種。

不僅如此，秦國還設有相應的法律來懲罰違令者。如《傅律》〔註91〕云：「匿敖童，及占癃不審，典、老贖耐。百姓不當老，至老時不用請，敢爲詐僞者，貲二甲；典、老弗告，貲各一甲；伍人，戶一盾，皆遷之。」〔註92〕「敖童」即成童。該律文規定：隱匿成童及申報廢疾不確實，里典、伍老應贖耐。百姓不應免老，或已應免老而不加申報、敢弄虛作假的，罰二甲；里典、伍老不加告發，各罰一甲；同伍的人，每家罰一盾，都加以流放。由此看來，對於隱匿戶口或弄虛造假逃避服役者，秦國實行連坐制，且處罰非常嚴厲。此外，對於隱匿戶口及成童不參加徭役如何界定，秦律中也專門予以解答。如《法律答問》云：「何謂『匿戶』及『敖童弗傅』？匿戶弗徭、使，弗令出戶賦之謂也。」〔註93〕律文解釋說「匿戶」和「敖童弗賦」就是隱匿人戶，不徵發徭役，不加役使，也不命繳納戶賦。

第二、對官僚、貴族及商人等的私徒屬也嚴格登記造冊

〔註91〕 案，傅指傅籍，是男子成年時的登記手續，《漢書·高帝紀》注：「傅，著也。言著名籍，給公家徭役也。」
〔註92〕 睡虎地秦墓竹簡整理小組編：《睡虎地秦墓竹簡》之《秦律雜抄》，第 143 頁。
〔註93〕 睡虎地秦墓竹簡整理小組編：《睡虎地秦墓竹簡》，第 222 頁。

如《墾令篇》云：「祿厚而稅多，食口眾者，敗農者也。則以其食口之數，賦〔註94〕而重使之。」前文已經指出，這條規定是說秦國擁有食邑或采邑的貴族之家，他們「祿厚而稅多」，必然豢養了大量的不農之民，國家把這些人口也登記造冊，據此讓豢養他們的貴族交納人口稅，並加派勞役給這些人。對於商人所役使的私徒屬，國家也不遺餘力地嚴加控制。《墾令篇》又云：「以商之口數使商，令之廝、輿、徒、重皆必當名，則農逸而商勞。」這裡的「名」即上文的「有名於上」之意，謂姓名著於簿籍；「當名」，即指與官府的戶口登記簿相合。「廝輿徒重」，當從蔣禮鴻之說，應作「廝輿徒僮」，指商人所豢養的各類奴僕等私徒屬，這些人無論人數多寡，皆須登記戶籍，以便隨時征派賦役。

對私徒屬登記造冊，此舉實際上有一舉兩得之效：一方面將這些人從私家名下回歸到國家的戶籍冊上，從而使他們處於國家的直接管理之下，有助於國家權力的強化；另一方面還增加了國家的財政收入和徭役徵發範圍。

此外，對軍中服役者亦有專門的軍籍來管理。如《兵守篇》云：「故曰：客治簿檄，三軍之多，分以客之候車之數。」〔註95〕關於此句斷句注家雖有分歧，但對於「治簿檄」一句則意見一致。「簿」指士卒軍實之籍，即軍籍、軍冊；「檄」指徵召的緊急文書。當有敵軍進攻時，可直接按照軍籍冊上的名單來調集兵力進行防守部署。

總之，戶籍制度的實施，是秦國強化國家權力，打擊貴族私門勢力的一項重要制度。它將大量生活在血緣家族中的民眾劃歸到國家的戶籍冊中，成為國家的編戶齊民。這些民眾在擺脫氏族族長管理的同時，又落入國家的直接控制之下。正是在這個意義上，我們或許可以說，戶籍制度的實施，是我國古史從氏族時代向編戶齊民時代轉變的重要標誌。

二、「置丞立監」──《商君書》所見官僚制度考析

無論是爵制、田制，抑或是戶籍制度，都需要配套的官僚制度來執行，才能發揮其作用。《商君書》中對秦的官僚制度記述比較簡略，但從中亦可窺

〔註94〕此處的「賦」字原作「賤」字，注家通謂係「賦」字之誤，茲從之。

〔註95〕「故曰客治簿檄」一句，朱師轍以為「曰當為有字之誤。」客作進攻之敵解。故斷句為「故有客，治簿檄」；蔣禮鴻則認為「客治簿檄」當為一句。客讀為愙，謹也。客治簿檄即謹治簿檄。案，比較而言應以蔣說為是，朱說似有改字之嫌。

視出其大致面貌。

第一，官僚體系文武分職，臻於完備。

關於武職，成書較早的《境內篇》記述較爲集中，其文曰：「其攻城圍邑也，國司空訾其城之廣厚之數。國尉分地，以徒、校分積尺而攻之，爲期，曰：『先已者當爲最啓，後已者訾爲最殿。再訾則廢。』內通則積薪，積薪則燔柱。……將軍爲木臺，與國正監與王御史參望之。其先入者，舉爲最啓；其後入者，舉爲最殿。其陷隊也，盡其幾者；幾者不足，乃以欲級益之。」這段話敘述的是攻城時的戰事部署問題，文中提到的官員包括國司空、國尉、將軍、國正監及王御史等。其中國司空、國尉、將軍皆主管軍事，國正監及王御史則是監察性質的官員。關於國正監和王御史，高亨注云：「正監，官名，主管監察事項。正即正副之正。」朱師轍曰：「王御史，蓋秦王特派之御史。」戰國時期各國皆有御史，爲諸侯王親近之職，掌管文書及記事。秦國置御史大夫，職副丞相，位甚尊，並以御史監郡，御史有彈劾糾察之權。《境內篇》中還指出，作戰時將軍要在其指揮處修築木臺，與國正監及王御史三人共同觀看戰爭進展情況。這反映出當時國君對於將軍權力的監控，也是君主集權的一種表現。

而關於文職官員，《定分篇》提到了中央的官僚體系，在天子之下有御史、丞相；地方諸侯郡縣也有類似的官僚設置。前文已經論及，《禁使篇》曾反對「置丞立監」，云：「今恃多官眾吏，官立丞、監。夫置丞立監者，且以禁人之爲利也；」「故恃丞、監而治者，僅存之治也。」事實上，《禁使篇》的反對言論並沒有奏效，丞、監在當時的官僚機構中是專門設置的，他們的主要職責就是監察各級官吏。除了專門負責監察的丞、監以外，郡守也有巡察、彈劾其下屬官的職權。如睡虎地秦簡《語書》記載南郡守騰給下轄各縣、道嗇夫的文告曰：「今且令人案行之，舉劾不從令者，致以律，論及令、丞。」〔註96〕意謂現在他要派人去巡視，檢舉不服從法令的人，以法論處，對令和丞也要處分。這則文告也證實在秦國的官僚體系中令、丞等官職並未廢止，且長期存在。

第二，專職的司法官

《定分篇》關於司法制度的敘述最爲典型，文謂：「天子置三法官：殿中置一法官，御史置一法官及吏，丞相置一法官。諸侯郡縣皆各爲置一法官及吏，皆比秦一法官。郡縣諸侯一受禁室之法令，學問並所謂。吏民知法令者，

〔註96〕睡虎地秦墓竹簡整理小組編：《睡虎地秦墓竹簡》，第17頁。

皆問法官。故天下之吏民無不知法者。」由此看來，當時的法律制度上至中央下及郡縣皆比較完備。法官從中央到地方層層設置。其中法律由中央制定，通過郡、縣各級司法官員貫徹到鄉里等基層組織。此外，各級官員還肩負著教育民眾學習法律的責任。

另外，《禁使篇》還提到了官吏考覈制——上計制度，其文曰：「十二月而計書以定，事以一歲別計，而主以一聽。」上計時間在每年年末十二月，而上計之內容，應當如《去彊篇》所說的「十三數」，大致包括倉府、男女老幼、官吏、士、遊說取食者、馬牛芻藁等數目，範圍甚廣。

戰國時代，各諸侯國多已實行上計制度。如《秦會要訂補·職官上》：「上計之制，六國亦有之。魏文侯時，東陽上計，錢布十倍。見《新序·雜事篇》。又西門豹爲鄴令，期年上計。見《韓非子·外儲說左篇》。又趙襄子之時，以任登爲中牟令，上計，言於襄子云云。見《呂氏春秋·知度篇》。」〔註97〕秦國的上計制度，則見於《史記·范雎列傳》，其文曰：「昭王拜王稽爲河東守，三歲，不上計。」按，魏文侯、西門豹爲當世之君臣，而趙襄子稍早於前兩人，此三人所處時代均早於商鞅。春秋戰國之際，魏國和趙氏封地中牟均已施行上計制度。由此推知，秦國的上級制度應不會遲至昭王時，商鞅變法時期很可能就已經借鑒三晉之制了。

在出土的簡牘材料中，也有反映秦上計制度的內容。如睡虎地秦簡《倉律》曰：「入禾稼、芻藁，輒爲廥籍，上內史。」〔註98〕按，禾稼、芻藁應爲上繳的實物田租。該律文規定縣每年應將收納的禾稼等田租登記造冊，直接上報給中央「掌穀貨」的內史。又《倉律》：「縣上食者籍及它費大（太）倉，與計偕。都官以計時讎食者籍。」〔註99〕該律文規定各縣在每年上計時還應同時上報領取口糧人員的名籍和其他費用。在官府領取口糧的主要是官吏，當然也包括居貲贖債的刑徒。顯然，上計到中央的「食者」籍當中已經暗含「官士之數」了。

〔註97〕孫楷著、楊善群校補：《秦會要》，第280頁。
〔註98〕睡虎地秦墓竹簡整理小組編：《睡虎地秦墓竹簡》，第38頁。
〔註99〕睡虎地秦墓竹簡整理小組編：《睡虎地秦墓竹簡》，第42頁。

第二章 《商君書》所見思想研究（上）

　　儘管《商君書》非成於一時一人之手，其中既有商鞅本人的著作，也包括其後學或掇拾商鞅餘論的法家者流之作。但是無論是商鞅後學甚或掇鞅餘論者面臨的形勢如何迥異，他們都或多或少是在繼承商鞅思想及學說的基礎上展開其論述的。因此，商鞅本人的思想及其特色在實際上已經奠定了整部《商君書》的基調，以下將從幾個方面來闡述貫穿全書的主要思想。

第一節　歷史觀和人性論——《商君書》的理論基礎

　　自戰國中期以來出現黃老學說，《黃帝四經》、《韓非子》等法家著作開始援道入法，採取道家理論作爲哲學依據。這種政治理論模式爲戰國中期以後大部分學者所接受，代表著先秦學術思想走向融合的發展大趨勢。有學者據此認爲，與之相較，以《商君書》爲代表的三晉正宗法家就顯得缺乏理論深度。〔註 1〕從全書內容來看，《商君書》絕口不提天、道、鬼、神等形而上的抽象概念，關注的主要是現實政治。因此，前述認識雖有一定道理，但未免失之偏頗。事實上，《商君書》有其自身的理論基礎，而且獨樹一幟，《韓非子》即受其影響。

一、歷史理性與道德退化的統一——《商君書》的歷史觀

　　劉家和先生指出歷史理性在古代中國的發生大致經歷了三個階段，即殷周之際與周初的歷史理性，名之曰「以人心爲背景的歷史理性的曙光」；西周

〔註 1〕白奚：《稷下學研究——中國古代的思想自由與百家爭鳴》，第 120 頁。

晚期至秦，「與人心疏離的歷史理性的無情化」；漢代，「天人合一的歷史理性的有情有理化」。〔註2〕在這個發展過程的第二個階段，道、法兩家思想構成了主要內容。〔註3〕所謂「歷史觀」是指對歷史過程的所以然或道理的認識，它應該屬於歷史理性的第二種，從本質上講是屬於認識論的範疇。作為韓非之前的重要法家著作，《商君書》的歷史觀同樣值得我們關注。具體而言，《商君書》的歷史觀從本質上講是變易的歷史觀，其重要特點是歷史理性與道德退化的統一。

（一）變易的歷史觀

《商君書》的《君臣》、《修權》、《徠民》、《賞刑》、《慎法》、《定分》等篇多次徵引上古帝王及其事迹，但多作為例證而提及。至於該書中的歷史觀，則主要體現在《更法》、《開塞》、《畫策》等篇當中。從本質上看，《商君書》的歷史觀屬於變易的歷史觀，認為歷史是變動不居的，所以治世之道也應隨之而變。

在《更法篇》中，商鞅反駁杜摯「法古無過，循禮無邪」的保守論調，明確指出：

> 前世不同教，何故之法？帝王不相復，何禮之循？伏羲、神農教而不誅，黃帝、堯、舜誅而不怒。及至文、武，各當時而立法，因事而制禮。禮法以時而定，制令各順其宜，兵甲器備各便其用。臣故曰：治世不一道，便國不必法古。

這段話的核心觀點即最後一句，其中所述歷史已隱含了伏羲、神農→黃帝、堯、舜→文王、武王三個階段，但只是作為論據使用突出了他們的相似性，各個階段的具體發展狀況並未體現出來。明確指出不同歷史階段發展狀況的則是《畫策篇》，該篇直接援引上古帝王世系來描繪人類社會自古及今的演變歷程：

〔註2〕 劉家和：《論歷史理性在古代中國的發生》，《史學理論研究》，2003 年第 2 期。按照劉先生的理解，所謂「歷史理性」（historical reason）實際上包括歷史（作為客觀過程）的理性（the reason of history）和史學（作為研究過程）的理性（the reason of historiography）。簡言之就是探究歷史過程的所以然或道理和探究歷史研究過程的所以然或道理。

〔註3〕 受劉先生這一重要論斷啓發，蔣重躍先生已經對道法兩家的代表著作《老子》、《莊子》及《韓非子》的歷史觀進行了比較並指出兩者產生異同的原因在於道論的不同，詳見蔣重躍：《試論道法兩家歷史觀的異同》，《文史哲》，2004 年第 4 期。

昔者昊英之世，以伐木殺獸，人民少而木獸多。人帝〔註4〕之世，
不麛不卵，官無供備之，民死不得用槨。事不同，皆王者，時異也。
神農之世，男耕而食，婦織而衣，刑政不用而治，甲兵不起而王。
神農既沒，以彊勝弱，以眾暴寡。故黃帝作爲君臣上下之義，父子
兄弟之禮，夫婦妃匹之合，內行刀鋸，外用甲兵，故時變也。由此
觀之，神農非高於黃帝也，然其名尊者，以適於時也。

此文認爲人類社會先後經歷了昊英→人帝（伏義）→神農→黃帝四個時
代，也透露出這樣的消息，即時代在向前發展，人類的物質生活狀況也在不
斷提高。但作者的用意並不在於評騭這四個帝王的高下，而更側重於強調他
們的治道皆適應了時代的變化。

比較清晰完整的歷史觀則是在《開塞篇》中提出的，此篇將人類社會的
發展過程分爲上世、中世、下世三大階段，本篇開篇即云：

天地設而民生之，當此之時也，民知其母而不知其父，其道親親而
愛私。親親則別，愛私則險；民眾，而以別險爲務，則民亂。當此
之時，民務勝而力征，務勝則爭，力征則訟，訟而無正，則莫得其
性也。故賢者立中正，設無私，而民說仁。當此時也，親親廢，上
賢立矣。凡仁者以愛〔利〕〔註5〕爲務，而賢者以相出〔註6〕爲道。
民眾而無制，久而相出爲道，則又亂。故聖人承之，作爲土地、貨
財、男女之分。分定而無制，不可，故立禁。禁立而莫之司，不可，
故立官。官設而莫之一，不可，故立君。既立君，則上賢廢而貴貴
立矣。然則上世親親而愛私，中世上賢而說仁，下世貴貴而尊官。
上賢者以道相出也，而立君者使賢無用也。

在《開塞篇》看來，歷史發展的根源在於人的自私本性的不斷暴露，由
此引發「世事」之變。「上世親親而愛私」，但由於人的自私又險惡的本性不
斷擴張，導致「民務勝而力征」，由此產生紛爭難以和平共處，於是「賢者立
中正，設無私，而民說仁」。但賢者本身即是由競爭產生的，賢者之間互不屈

〔註4〕　此處的「人帝」原文作「黃帝」，蔣禮鴻據羅泌《路史·前紀》卷九引《商君
書》原文校正指出，此處的「黃帝」應作「人帝」，即伏義。見《商君書錐指》，
第106～107頁，茲從其說改之。
〔註5〕　嚴校本無「利」字，朱師轍說各本皆有，故當補之，茲從其說。
〔註6〕　朱師轍、陶鴻慶皆認爲：「出當爲屈，言自高其賢以相屈服。」高亨指出「出」
是超出，即「出類拔萃」之出。劉家和先生認爲兩說皆可，相出即互相競爭，
賢本來就是在競爭中產生出來的。

服，使民眾無所適從，天下又亂；於是「聖人承之」，定分制禁，設官立君，使民從一。但同時作者指出這是一個不得已的過程，「此三者非事相反也，民道弊而所重易也，世事變而行道異也。」「民道弊」、「世事變」是「行道異」的原因。最後作者得出的認識即：「周不法商，夏不法虞。三代異勢而皆可以王。故興王有道，而持之異理。」

以上就是《商君書》歷史觀的主要內容，貫穿三段文字的一個主體認識即：時異事變，因時制宜。在《商君書》所描述的歷史發展過程當中，主要有德治（或禮治）和刑治（或法治）兩種治道，但該書並沒有對兩者做出價值判斷，指出孰優孰略；而是在不斷地強調不同的治道是源於時勢的變化，德治和刑治皆順應了各自時代的需求。這一認識無疑反映出可貴的歷史理性精神。雖然這三段對於歷史階段的劃分標準不盡相同，但其中涉及到的內容包括人類起源、社會發展演變過程以及演變發展的動力等歷史觀的基本要素，應該說《商君書》的歷史觀已比較完整。

面對變動不居的歷史，諸子由於對治道的理解和期許不同，因此在歷史發展的「變與不變」中看到了不同的側面，反映在歷史觀上也各不相同。一方面，從邏輯上講，歷史上的變是兼否定與肯定而有之的揚棄，既說明了歷史前後的區分，又說明了其間的連續。所以，歷史的「變」之中就包含了「常」──不變；另一方面，從歷史上看，儘管一切具體的歷史變化都不再重複，但是歷史又並非全無重複。夏、商、周三代的興亡有其具體而特殊的條件與理由，在直接的層面上它們是各不相同，沒有重複的。但經過周人的反思，在間接層面上，夏、商、周三代的興衰關鍵在於德的有無：有德乃興，無德乃王。〔註7〕也就是說，在間接層面上其實是有共性和重複性的，於是在歷史之變中也體現了「常」──不變。〔註8〕以孔子為代表的儒家即贊同周人的這一歷史觀。如《論語‧為政篇》記載：「子張問：『十世可知也？』子曰：『殷因於夏禮，所損益可知也；周因於殷禮，所損益可知也；其或繼周者，雖百世可知也』」。這裡的「損益」就是變化。儒家雖承認歷史的「損益」漸變，但更重視歷史的相「因」繼承，在邏輯上，他們強調了歷史的連續性；經過反

〔註7〕 如《尚書‧召誥》云：「王敬作所，不可不敬德。我不可不監於有夏，亦不可不監於有殷……惟不敬厥德，乃早墜厥命。」

〔註8〕 這段論述參見劉家和先生《史學在中國傳統學術中的地位》一文，見《史學、經學與思想──在世界史背景下對於中國古代歷史文化的思考》，北京：北京師範大學出版社，2005年1月第1版，第81～82頁。

思，他們又進一步看到了表面上各不相同、全無重複的歷史階段（事件）之間的共性和重複性。而以商鞅為首的法家則更看重歷史的變革和差異性，他們強調不同歷史階段在直接層面上的特殊性和差別。商鞅在與保守派辯論時就已說過「三代不同禮而王」、「湯武不循古而興」，這當然是為其變法改制尋求理論依據。又如關於湯武之取天下，儒家認為是以德服天下，法家則認為「湯武致彊而征，諸侯服其力也」。

總之，儒家的歷史觀強調「常」和「因」，這與其所主張的「從周」、「法古」、「循禮」等思想是密不可分的；而以商鞅為首的法家則更強調歷史的變革，認為「周不法商，夏不法虞，三代異勢」，這與法家推崇法治，主張變革禮治直接關聯。

（二）「不必法古」的聖王觀

在變易的歷史觀基礎上，《更法篇》提出「治世不一道，變國不必法古」的著名變法理論，可謂商鞅變法實踐的政治宣言。以往學者在論述商鞅變法時多強調他的變革精神，把商鞅看作同保守者絕不妥協的鬥士，似乎商鞅的頭腦中充滿新思想，對傳統觀念持徹底否定的態度。如羅根澤基於其對《商君書》成於戰國末期的判斷，認為戰國初期以至中期，皆託古改制；戰國末期則反古變法。《商君書》即倡言反古，其主要依據即是《更法篇》。細繹此篇，我們認為上述認識失之允當。商鞅的變法理論中其實包含著大量的傳統思想因素，表現在聖王觀上尤其如此。

首先，「以古喻今」——用大量古代先聖前哲的事例來論證法治的合理性，而並非一味地否定和排斥傳統。《史記‧商君列傳》記載商鞅遊說孝公時，分別說以五帝之「帝道」、三王之「王道」和強國之「霸道」，最終以霸道見用。此例足以看出儘管商鞅偏好刑名之術，但他對上古典故、前言往行也是諳熟於胸的。不僅如此，他對古代聖賢的功績也非常尊崇。細讀商鞅與杜摯等人的辯論即會發現，商鞅的思想中亦不乏對傳統的繼承，他從根本上並不反對傳統。如他引用「語」和「郭偃之法」來論證治國不必拘守古禮，應當機立斷。尤其明顯的是，商鞅並不諱言往古賢聖之迹，並據此來陳述己說：

> 三代不同禮而王，五霸不同法而霸；
> 前世不同教，何故之法？帝王不相復，何禮之循？伏羲、神農教而不誅，黃帝、堯、舜誅而不怒。及至文、武，各當時而立法，因事而制禮；禮法以時而定，制令各順其宜，兵甲器備各便其用。

伏羲、神農、黃帝、堯、舜皆爲上古聖王，周文王、武王乃前代開國明君，對這些往聖先賢，戰國諸子特別是儒、墨兩家幾乎是言必稱之。和他們一樣，商鞅對這些人物及其功績也是認可和推崇的；對夏桀、商紂同樣也是持否定態度的。只是由於學有所好，從這些聖王的前言往行中，得出的結論與其他諸子不同而已。

其次，「不必法古」的聖王觀。商鞅認爲「三代不同禮而王，五霸不同法而霸。故知者作法，而愚者制焉。賢者更禮，而不肖者拘焉。」「法者所以愛民也，禮者所以便事也。是以聖人苟可以彊國，不法其故；苟可以利民，不循其禮。」這些言論把「立法」同「制禮」對稱，甚至把「禮」和「法」兩個單一概念歸併爲「禮法」這樣一個復合概念，足見商鞅所主張的法治並沒有完全擯棄禮治，而是主張根據實際需要來選擇禮和法。「臣故曰：『治世不一道，便國不必法古。』湯、武之王也，不循古而興，夏殷之滅也，不易禮而亡。然則反古者未必可非，循禮者未足多是也。」對這句話，蔣禮鴻的闡釋甚爲精當，他指出：「不必法古義最完密。云法古者，正對杜摯法古無過語而發；云不必者，古固可以法，可以不法，惟便於事耳。《戰國策》亦作便國不必法古。」「古有可法，有不可法。所惡乎言法古者，以其執文泥義，並其不可法者一概法之，非謂古之皆不可法也。〔註9〕

「聖王觀」是先秦諸子廣爲論述的概念。在春秋戰國之際，儒、墨兩家都倡導「法先王」，他們把堯、舜、禹、湯、文、武的時代看成是理想社會。因此主張治世應效法先王。孔子「祖述堯舜，憲章文武」，孟子主張「法先王」，而荀子則講「法後王」。無論先王、後王，都包含一種厚古薄今的觀念在其中。與儒家並稱爲當世之「顯學」的墨家，亦崇尚「法先王」和「復古」。在「聖王觀」上，商鞅一系法家學派雖注重立足於現實，但對古代聖王也並非一味擯棄。《商君書》中「先王」一詞出現了 12 次，先王均指代的是遠古及夏商周三代的賢能君王，與聖王、明君的意義相同。《商君書》主張時代變了，新的時代需要適應時勢的新「聖王」。新聖必須有新的創造，要敢於打破一切成規和過時的東西。在商鞅看來，所謂「聖王」是於各時代能盡力使人群成功適應環境變化的人，因此，當今的「聖王」也應該是能夠清楚地瞭解到「當世」最迫切問題的君主。故《開塞篇》云：「聖人不法古，不循今。法古則後於時，循今則塞於勢」。「周不法商，夏不法虞，三代異勢而皆可以王。故興

〔註9〕見蔣禮鴻：《商君書錐指》，第1、5頁。

王有道，而持之異理。」

　　與諸子有所不同的是，在認可古代聖王功績的同時，商鞅對古史、古代聖王的認識更為客觀、理性，而不是盲目崇拜或為了服從於自己的學說而對他們「任意打扮」。商鞅更多地強調和關注於這些聖王成就功業的特殊性，認為他們皆是由於相時而動才取得巨大成功的。如伏羲、神農重教化，黃帝、堯、舜嚴誅伐，文王、武王亦因時而立法。他說：「禮、法以時而定，制、令各順其宜。」即禮和法都是根據不同時代的具體背景而制定的，法律和命令應符合實際的需要。「是以聖人苟可以彊國，不法其故；苟可以利民，不循其禮。」「夫常人安於故習，學者溺於所聞。此兩者，所以居官而守法，非所與論於法之外也。……故知者作法，而愚者制焉；賢者更禮，而不肖者拘焉。拘禮之人不足與言事，制法之人不足與論變。」此句意謂安於故往習俗的常人和沉溺於一己聞見的學者，這兩種人是用來安置在官位上來守法的，而不是一起來討論法制以外事情的人。……因此，有智慧的人制定法律，愚笨的人則受制於法律；賢能的人變革禮制，而不才者則拘守之。拘守禮制的人不值得和他去討論事情，受制於法律的人也不值得和他去討論變革。

　　在對待古今關係問題上，商鞅也有著獨到的理論思考，這種理論思考又與他的治國之術緊密聯繫在一起。麥孟華指出商鞅據「社會進化之次序，而明其所以然之故」，「明法治之所由生，生於時勢之所不容己」的看法是有道理的。侯外廬對此也給予很高的評價，說：「法家從歷史的觀點，反對了『無變古，無易常』（《韓非子》）的先王觀念，這是古代社會階級鬥爭的反映，也是古代思想的光榮終結。」〔註10〕這種思想產生了相當大的歷史影響，後來的一切變法者都強調隨時立制，與早期法家的思想正是一脈相承的。

（三）歷史理性與道德退化的統一

　　在對歷史與道德的關係問題上，《商君書》認為在人類發展過程中道德的狀況呈每況愈下的趨勢，所以道德理性與歷史理性的發展方向是相反的。正如《開塞篇》所概括的那樣，「上世親親而愛私，中世上賢而說仁，下世貴貴而尊官。」歷史進化是按階段由低級向高級發展的，而人類的道德則是按階

〔註10〕侯外廬等著：《中國思想通史》（第一卷），北京：人民出版社，1957年3月第1版，第609頁。侯先生認為反對儒家的先王觀是韓非的主張，其實這一觀點商鞅就有，因此這一論斷對於商鞅同樣也是適用的。

段逐步退化的。「當今」之世已經進入法治階段，同時又是機巧詐僞的時代。儒、墨兩家推崇的尚賢、隆禮學說已經過時，無法應付「當今」的嚴峻形勢，只有法治才最符合新時代的需要，足以承擔起治理天下的大任。這種對歷史的認識日漸剝離道德理性的色彩，而崇尚事功和實效，帶有濃厚的功利性，並閃爍著純粹理性的思想光芒。專家指出，《商君書》歷史觀的重要特點是歷史進化和道德退化的統一〔註11〕，確是精闢的論斷。

具體說來，《商君書》的歷史觀至少有以下兩點可取之處：

其一，商鞅一系法家對歷史的理解有超出儒家之處。儒家向來講祖述堯舜憲章文武，把三代理想社會等作爲現實直接參照的樣板。而法家則強調歷史是變動不居的，只有掌握了歷史的變化才能在此基礎上吸收對現實有益的東西，才能談到爲治之道。不可否認，在歷史把握上與儒家相比，《商君書》缺乏更爲長遠的目光，但在治亂安危之際，善於察今與應時使法家取得了當時歷史活動的主動權，成爲戰國政治舞臺上最爲活躍的學派。法家雖然急功近利，但在對歷史動態的認識和以時變觀點看待歷史方面，他們卻有獨到之處，顯示出比一般儒家更爲深刻的歷史思考。〔註12〕

其二，它迴避西周以來流行的宗教和道德因素，整部《商君書》基本上是以人事、人謀來解釋歷史的變化，而不言天命鬼神。商鞅及其後學強調治理國家要奮發有爲，衝破各種束縛，包括歷史的束縛，也包括人爲因素之外的一切束縛，所以反天命或者避開天命強調人爲也是他們的主要理論武器。在《商君書》大量的歷史評述內容中，我們看不到一處天命影響人事，甚至修人事以求天祐的論述，可以充分證明這一點。

總之，這種超脫於道德評價的傾向，歸根到底在於《商君書》將當今的社會發展狀況看作是歷史發展的必然結果，而儒家學派則將當今的社會狀況看做是一種完全脫離正常而呈現出一種「亂」的狀態，因此復古或回歸到理想社會的思想因素仍在。雖然《商君書》在道論本原上存在顯見的缺失，但是其歷史觀當中的變革觀念和歷史理性還是頗具特色的。

〔註11〕 這裡的論述主要參考蔣重躍《韓非子的政治思想》下篇關於人性論的討論，詳見蔣重躍：《韓非子的政治思想》，北京：北京師範大學出版社，2000 年 11 月第 1 版，第 158～160 頁。

〔註12〕 詳見許殿才：《〈商君書〉對歷史知識的運用》，《史學史研究》，2004 年第 2 期。

二、對人性的深入考察

在戰國初年社會秩序混亂的年代，傑出的思想家開始從人性的角度來思考如何重建社會秩序，「性惡」、「性善」之爭也隨之展開。春秋戰國之際墨子即開始關注人的本性中「惡」的因素，《墨子・尚同上》就提到：「古者民始生，未有刑政之時，蓋其語曰：天下之人異義〔註13〕」，因為「一人則一義，二人則二義，十人則十義」，人各有其想法和欲望，故「人是其義，以非人之義，故交相非也」，結果導致「父子兄弟作怨惡，離散不能相和合」。《非攻上》更列舉人性自私自利的各種現象，小到「入人園圃，竊其桃李」，次及「殺不辜人也」、「扡其衣裘」，大至統治者「貪伐勝之名，及得之利。」對此，墨子提出的解決方法是「兼愛」和「非攻」，頗具理想主義色彩。

而到了《商君書》當中，對人性本惡的認識更為明確。如《開塞篇》云：「天地設而民生之，當此之時也，民知其母而不知其父，其道親親而愛私。親親則別，愛私則險；民眾，而以別險為務，則民亂。當此時也，民務勝而力征，務勝則爭，力征則訟，訟而無正，則莫得其性也。」這裡雖然說的是生民之初人類的原始狀態，但人的本性就已經是既自私又險惡。正是由於人性的險惡，《商君書》才提出了法治主義的思路即以惡治惡的辦法。《開塞篇》緊接著指出：「故王者以賞禁，以刑勸，求過不求善，藉刑以去刑。」即認為只有通過嚴刑峻法才能從根本上防止人們作惡。《去彊篇》甚至還明確提出了「以姦民治善民」的思想，其文曰：「國以善民治姦民者，必亂至削；國以姦民治善民者，必治至彊。」因為人性本惡，若治國用善，則民各親其親，互相隱匿不法行為，對統治是極為不利的。

可以說，《開塞篇》所謂民性本惡的觀點從本質上是對人社會屬性的一種判斷。然而在《開塞篇》之外，《商君書》其他篇章對人性的認識，則多屬於一種自然人性論，對人性本身並沒有做出道德評價。

「水之就下」的現象是諸子論述人性的著名論據，告子認為人性本無分善惡，「性猶湍水也，決諸東方則東流，決諸西方則西流。人性之無分於善不善也，猶水之無分於東西也。」孟子則認為這正是人性向善的證明，他反駁告子，「人性之善也，猶水之就下也。人無有不善，水無有不下。」〔註14〕而在《商君書》中則被賦予了典型的法家特色，如《君臣篇》謂：「民之於

〔註13〕　此句原文作「蓋其語人異義」，據孫詒讓《墨子閒詁》卷三引俞樾說補。
〔註14〕　《孟子・告子上》

利也，若水之於下也，四旁無擇也。民徒可以得利而爲之者，上所與也。」意即人的本性好利就像水往低處流一樣，是非常自然的事情。又《算地篇》云：「故民生則計利，死則慮名」、「羞辱勞苦者，民之所惡也；顯榮佚樂者，民之所務也。」「民之性，饑而求食，勞而求佚，苦則索樂，辱則求榮，此民之情也。」「民之生，度而取長，稱而取重，權而索利。」《算地篇》也認爲趨利避害、好逸惡勞作爲人之本性和常情是最自然不過的事情。不僅如此，人類追求名利的欲望，只有生命結束才能終止，《賞刑篇》曰：「民之欲富貴也，共闔棺而後止。」因此，治國應當通人情，從人性的特點出發對症下藥，主張「明君愼觀三者，則國治可立而民能可得。」〔註15〕既然民眾喜歡賞賜而討厭刑罰，那麼在上者就應該用刑以止姦，行賞以勸功、助禁。賞和刑正是借助民的這種本性，因勢利導，從而迫使人們從事於耕戰，爲國家出力的。《壹言篇》亦有類似的論斷，謂：「故法不察民之情而立之，則不成。」又如《愼法篇》曰：「使民之所苦者無耕，危者無戰。二者，孝子難以爲其親，忠臣難以爲其君。今欲敺其眾民，與之孝子忠臣之所難，臣以爲非劫以刑而敺以賞莫可。」《錯法篇》謂：「人生而有好惡，故民可治也。人君不可以不審好惡。好惡者，賞罰之本也。夫人情好爵祿而惡刑罰，人君設二者以御民之志而立所欲焉。」

總之，《商君書》對人的本性有著深入的思考，其認識也更爲全面：從社會屬性上看人的本性自私自利，是惡的；而人的自然屬性則是趨利避害、好逸惡勞、貪生怕死，無所謂道德高下。在上位者應善於利用人的本性，把人們追逐利益的活動彙成一股合力，爲其所用。這一認識對荀子有著直接的影響，《荀子‧性惡篇》曰：「若夫目好色，耳好聲，口好味，心好利，骨體膚理好愉佚，是皆生於人之情性者也；感而自然，不待事而後生之者也。」在此基礎上，荀子進一步對人的自然屬性作了道德評價，從而得出「性惡」的結論，荀子曰：「今人之性，生而有好利焉，順是，故爭奪生而辭讓亡焉；生而有疾（嫉）惡焉，順是，故殘賊生而忠信亡焉。生而有耳目之欲，有好聲色焉，順是，故淫亂生而禮義文理亡焉。……用此觀之，然則人之性惡明矣。其善者僞也。」〔註16〕在荀子之後，才是韓非的性惡論。

〔註15〕 《商君書‧算地篇》
〔註16〕 《荀子‧性惡篇》

　　概言之，歷史觀和人性論是《商君書》思想體系的基石，更重要的是它
爲戰國時期法家的變法宣傳和法治實踐提供了強有力的哲學理論基礎，在商
鞅學派乃至整個法家的思想體系中佔據著非常重要的地位。

第二節　「尙公」和國家本位——《商君書》的政治思想

　　作爲一部體現商鞅及其學派治國之道的著作，貫穿於《商君書》思想的
一條主線是「法」、「法治」，這是學者們討論最多的問題。〔註17〕法治的最重
要特點之一就是把國家、社會生活和人的行爲都納入法的軌道之上。從法字
的含義〔註18〕來看，法具有普遍適用的價值和功能，在根本意義上是代表整
體利益的。因此，「公」是「法」的品格和靈魂。而商鞅及其學派實行法治的
目的是爲了實現富國強兵的目標，他們所採取的是整體主義的立場，其目的
在於通過國家的威權來統治臣民。因此，《商君書》政治思想的一個突出特色
即是「尙公」和國家本位。〔註19〕

一、「尙公」和國家本位

　　商鞅的變法運動，事實上就是一個「立公去私」的過程。對此，學者多
有論及，如蔡元培就曾指出，商鞅所提倡的革新主義，「以國家爲主體，即以
人民對於國家之公德爲無上之道德。而凡襲私德之名號，以間接致害於國家
者，皆竭力排斥之。」商鞅，作爲一個政治家，其目的在「於以國家之威權
來裁制個人，故其言道德也，專尙公德，以爲法律之補助，而持之已甚，幾

〔註17〕如黃中業的《〈商君書〉法治思想述論》，《史學集刊》，1990 年第 4 期；劉澤
　　　華：《先秦法家立法原則初探》，《天津社會科學》，1983 年第 1 期；楊鶴皋：《商
　　　鞅論法》，《中國政法大學學報》，1984 年第 2 期；栗勁等著：《中國法律思想
　　　史》，哈爾濱：黑龍江出版社，1983 年 1 月第 1 版。

〔註18〕法，古作「灋」，《說文》「刑也」。「法」指的是關於刑罰的規定。古代「禮」
　　　是處理統治者內部的關係的，「法」是處置民事的，所以「法」和「刑」關係
　　　密切。「法」是處理犯罪的準則，由這個意義擴大開來，解決各種問題的準則
　　　也都可以叫做「法」，這樣一來，「法」就有了「方法」、「辦法」之義了。作
　　　爲法律概念，「法」是相對固定不變的，是衡量各種犯罪行爲的尺度。在辦法
　　　義上，「法」也帶有準則性。概言之，「法」是處理事務、問題的普遍原則。

〔註19〕關於這一特點，夏增民在《〈商君書〉的「尙公」思想與整體主義政治觀》一
　　　文中做了深入的討論，但是《商君書》中「爲天下位天下」的思想並未引起
　　　論者足夠的重視。夏文詳見 http://www.Confucius2000.com，2004 年 8 月 27 日。

不留各人自由之餘地。」〔註20〕商鞅的變法令要求民眾「勇於公戰而怯於私鬥」，此處的公指秦國、公家，私則指個人及其家族。

「尚公」的思想傾向在《商君書》中表現爲「公」與「私」的截然對立。「私」是個人立場和個人利益，而「公」則是國家立場和整體利益的體現。因此，尚公事實上也表現爲國家本位。《墾令篇》曰：「農民不饑，行不飾，則公作必疾，而私作不荒，則農事必勝。」《壹言篇》曰：「上開公利而塞私門，以致民力；私勞不顯於國，私門不請於君。」《修權篇》云：「君臣釋法任私必亂，故立法明分而不以私害法則治。」上述諸篇，都體現出這兩種對立的立場。不僅如此，該書還從歷史發展和社會需要的角度來解釋「公」這一概念的產生原因。如《開塞篇》在對人類發展階段的描述中已經明確指出，「公」不僅是歷史演進的結果，更是社會的內在要求，其文曰：「古者民聚生而群處，亂，故求有上也。然則天下之樂有上也，將以爲治也。」「貴貴」、「立官」，是爲了尋求重建社會秩序。「夫利天下之民者，莫大於治；而治莫康於立君；立君之道，莫廣於勝法；勝法之務，莫急於去姦；去姦之本，莫深於嚴刑。故王者以賞禁，以刑勸；求過不求善，藉刑以去刑。」即爲此意。

對公、私界限闡述最爲明確、最精彩的莫過於《修權篇》，該篇提出「故公私之交，存亡之本也」這樣的觀點，認爲法的最大作用就在於「立公棄私」，其文曰：「世之爲治者多釋法而任私議，此國之所以亂也。先王懸權衡、立尺寸而至今法之，其分明也。夫釋權衡而斷輕重，廢尺寸而意長短，雖察，商賈不用，爲其不必也。〔故法者，國之權衡也〕，〔註21〕夫倍法度而任私議，皆不知〔註22〕類者也。」在作者看來，「法」就是國君權衡輕重、大小的標準，只有推行法治，才能保證私不害公；否則只能導致國家動亂。因爲法治的重要手段就是賞罰，「故立法明分，中程者賞之，毀公者誅之。誅賞之法不失其議，故民不爭。」其次，又進一步強調公私之辨是國家興亡的根本，「公私之分明，則小人不疾賢而不肖者不妒功。故堯、舜之位天下也，非私天下之利也，爲天下位天下也。論賢舉能而傳焉，非疏父子親越人也，明於治亂之道也。故三王以義親，五伯以法正諸侯，皆非私天下之利也，爲天下治天下。是故擅其名而有其功，天下樂其政

〔註20〕 蔡元培：《中國倫理學史》，北京：東方出版社，1996年3月第1版，第45～
46頁。
〔註21〕 「故法者國之權衡也」八字據《群書治要》增補。
〔註22〕 此「知」字亦據《群書治要》增補。

而莫之能傷也。今亂世之君臣，區區然皆欲〔註23〕擅一國之利，而管〔註24〕一官之重，以便其私，此國之所以危也。故公私之交，存亡之本也。」

前文已經辨明《修權篇》出自商鞅之手，商鞅於此提出了一個著名的論斷：「為天下位天下」。天下不是君主一家一姓之天下，而是天下人之天下，如果君主將天下當成自己私有之物，必將身亡國危。只有像堯舜那樣，以天下為公而位天下，才算明白治國之道。這一思想既是對宗法社會「家天下」傳統的否定，又是對西周末年以來民本主義思潮的繼承和發展。由此觀之，雖然《修權篇》篇首有「權者，君之所獨制也」的說法，主張君主專操權柄，但作者的用意並非提倡君主利用大權來「私天下之利」，而是要他們實行法治，「為天下治天下」。應當指出，本篇的「公」已經把君主個人的立場和利益剝離出去，這裡的「公」已經流露出「天下為公」的思想萌芽，帶有較強的理想色彩。受這種思想的影響，在「刑無等級」的邏輯推論下，商鞅還提出了君王應守法的思想。他認為儘管君主擁有立法、司法和行政諸大權，但法律一經制定頒行，君王也有恪守法令的義務。如《君臣篇》曰：「故明主慎法制。言不中法者，不聽也；行不中法者，不高也；事不中法者，不為也。」

顯然在《徠民篇》中，君主的立場和利益尚不盡然代表「公」即社會組織、「整體」的立場和利益，《商君書》中的絕大多數篇章在提出和論述「公」的觀念時，也始終沒有脫離開君主的影子。在該書的許多論述中，君主即代表了「公」的意志，很多時候君主的立場就完全是「公」的立場。如《農戰篇》：「百姓曰：我疾農，先實公倉，收餘以食親，為上忘生而戰，以尊主安國也；倉虛，主卑，家貧，然則不如索官！」在這裡「上」與「主」、「國」與「公」是劃等號的，國家的富足與否與君主的尊卑息息相關。又如《算地篇》謂「今世主欲闢地治民而不審數，臣欲〔註25〕盡其事而不立術，故國有不服之民，主有不令之臣。」此句中的「主」與「國」顯然可以同義互換，主即代表國，國也是主。《壹言篇》主張治國作壹，「上開公利而塞私門以致民力，私勞不顯於國，私門不請於君。」即認為不忠於國君而忠於私門的行為是國家動亂、衰亡的根源，必須禁止。因此，「尚公」就是「隆君」，像「民

〔註23〕 此「欲」字據《群書治要》增補。《廣雅・釋訓》：「區區，愛也。」
〔註24〕 「管，猶擅也。」
〔註25〕 「臣欲」二字，高亨疑應作「欲臣」。從前後文來看，此句的主語應是「世主」；另外，前文業已指出「數者，人主之術，而國之要也。」因此，高亨的說法是有道理的。

倍主位而嚮私交，則君弱而臣彊」〔註26〕這樣的現象，是要堅決反對的。

　　基於以上原因，有學者認爲《商君書》中的「尚公」思想實際上是逞君主一人之私，而非社會、國家之公。〔註27〕我們認爲這一認識有值得商榷之處，上述內容表明《商君書》中的「尚公」思想有內在的矛盾：一方面，它認爲「公」是全天下的、整體的，與「私」截然對立，國君個人不能擅天下爲一己之私；但另一方面，它又在不斷地承認國家、君主的利益是一致的，君主即代表「公」。這一矛盾歸根結底是由商鞅的治國思想決定的，在商鞅及其學派看來，君主統治的合理性是一個不需要討論的問題，君主的權威是無條件的。這完全符合戰國時期的歷史實際，當時君主是國家政權的掌握者，也是國家利益的代表，加強君權實際上也是出於國家的利益考慮。不僅如此，在這一思想指導下，商鞅的法治思想本身也存在著矛盾，他一面宣揚「刑無等級」，但實際上不同等級的人違法時處罰是有差別的，這在爵制上表現得尤爲明顯。如《境內篇》明確指出：「爵自二級以上，有刑罪則貶。爵自一級以下，有刑罪則已。」在罪行面前，有爵者是享受一定特權的。他們通過降級或取消爵級即可抵消刑法的懲罰，而無爵者則要接受鞭笞、黥、劓等肉刑，或罰爲刑徒。處罰差別還是很大的。

　　《商君書》中的「尚公」思想，在政治思想上其實表現出一種整體主義。對此，前輩學者亦有指出，如郭沫若就曾認爲：「純粹法家以富國強兵爲目標，他們所採取的是國家本位，而不必一定是王家本位。」〔註28〕《商君書》的基本立場是國家本位，如《壹言篇》曰：「凡將立國，制度不可不察也，治法不可不愼也，國務不可不謹也，事本不可不摶也。」國家是根本，一切政策的制定都要以國家富強爲目標。由整體主義和國家本位出發，以商鞅爲代表的秦法家學派將社會各階層的民眾、國家、君主作爲一個完全的整體，並對這個整體賦予共同的立場和利益，加強民眾對整體的服從，使他們戮力同心維護整體的利益。但在強調整體利益的同時，他們又崇君、隆君，以君主爲該整體的利益代表，所以君主自上而下地專權就不可避免，自上而下地組織政權同樣也不可避免，秦國的政治制度由此而創設，自然會帶有專制集權色彩。

〔註26〕《商君書‧愼法篇》

〔註27〕夏增民：《〈商君書〉的「尚公」思想與整體主義政治觀》，http://www.Confucius2000.com，2004 年 8 月 27 日。

〔註28〕郭沫若：《十批判書》之《前期法家的批判》，北京：東方出版社，1996 年 3 月第 1 版，第 344 頁。

　　需要指出的是，《商君書》中的「尚公」和國家本位思想傾向徘徊在君主與國家、社會之間，這種不徹底性在韓非那裡得到了解決。在韓非看來，所謂「公」，亦曰「人主之公義」、「人主之公利」，是指「明法制，去私恩，夫令必行，禁必止」；「私」，亦曰「人臣之私義」，是指「必行其私，信於朋友，不可爲賞勸，不可爲罰沮」。〔註29〕商君以國家之富強爲本位，而韓非則是以君王利益爲本位，《韓非子》全書完全是爲君王的個人權威考慮，所以大談特談治「術」。「行法而不用術」──這是祖述商鞅的韓非對商君之法的批評，韓非云：「其國富而兵強，然而無術以知姦」，結果使權臣如秦昭王時期的穰侯、應侯等竊取了國家的富強之利。「自是以來，諸用秦者皆應、穰之類也。故戰勝則大臣尊，益地則私封立，主無術以知姦也。」〔註30〕

　　事實上，誠如郭沫若所言，「用法而不用術，正是初期法家的富有進步性的地方。初期法家主張公正嚴明，一切秉公執法，以法爲權衡尺度，不許執法者有一毫的私智私慧以玩弄法柄。吳起、商鞅是這樣，就是染上了黃老色彩的慎到也是這樣。『術』是執法者以私智私慧玩弄法柄的東西，這倡導於老聃、關尹，而發展於申不害，再結穴於韓非。故如申不害與韓非，嚴格地說時已經不是純粹的法家了。」〔註31〕

　　總之，《商君書》的尚公思想當中存在著自相矛盾之處：它的所謂「公」觀念並未徹底擺脫君主的影子。一方面它標榜和推崇公正、公平；但另一方面，由於君主本身是獨立於法之上的，因此當天下之「公」和君主之「私」發生矛盾的時候，法治就很難再維持，因爲君主往往借助「公」法來遂其「私」。這是中國古代法家政治思想的悲哀，也是其歷史局限性的表現之一。

第三節　權勢主義──《商君書》中的「勢」與「術」

　　法、術、勢是先秦時期法家學派的三大核心主張和重要概念，而戰國末年法家的集大成者韓非曾經指出：「申不害言術，而公孫鞅爲法。」〔註32〕觀諸《商君書》，我們發現韓非所言不虛。整部《商君書》中對於「法」的論述

〔註29〕《韓非子・飾邪篇》
〔註30〕《韓非子・定法篇》
〔註31〕郭沫若：《十批判書》之《前期法家的批判》，北京：東方出版社，1996 年 3
　　　　月第 1 版，第 344 頁。
〔註32〕《韓非子・定法篇》

無疑是最密集的，相對而言，《商君書》對於「勢」和「術」則著墨較少，但也不乏精到之處。由於前人對此關注不足，所以本節將著重分析這一問題。

一、「勢」字字義及早期勢論

在立論之前，我們有必要對「勢」做一番語義學的考察，以明確其概念的內涵。

埶，段玉裁《說文解字注》云：「《說文》無勢字，蓋古用埶爲之。」即是說埶乃勢之古字。「埶」，《說文》「種也，從丮坴。丮持種之。」「势」（勢），徐鉉《說文·新附》云「勢，盛力，權也。從力，埶聲。」勢即權力、威力也。經典通用『埶』。《集韻》「威力也」。由此可見，「勢」字本身也表示一種力，它是以權力爲核心的各種力的綜合，是社會或自然界中的帶有客觀性的支配力量。「權」和「勢」都指社會範疇的強制力，其不同處在於：「權」是以「法」或「禮」爲根據的客觀力量，「勢」是以「權」爲基礎的各種力量的綜合。換言之，「權」指所掌握的支配力量，「勢」則指所佔據的支配地位。《韓非子·八經》云：「君執柄以處勢，故令行禁止。柄者，殺生之制；勢者，勝眾之資也」，「柄」就是「權」，「勢」是「權」的憑藉，「權」是「勢」的體現，兩者相輔相成。但是「權」只是「勢」的組成部分，「勢」主要指所佔的地位，這種地位的構成，除「權」以外，還包括財力、武力等各種影響力，所以「勢位」、「勢地」、「勢要」、「勢居」⋯⋯經常連用。〔註33〕

先秦諸子對於「勢」多有關注，而尤以法家爲盛。據學者統計，其中屬於法家系統的《商君書》論勢 31 次，《管子》63 次，《韓非子》高達 171 次。儒家的孟子論「勢」甚少，僅出現 5 次；而到了戰國末年的《荀子》則論「勢」多達 84 次。〔註34〕

其實不僅法家重勢、論勢，先秦兵家也是言勢貴勢的，勢也作爲兵家的特有術語。成書於春秋末年孫武之手的《孫子兵法》中即有《勢篇》專門談勢，其文曰：「故善戰者，求之於勢，不責於人。」「激水之疾，至於漂石者，勢也」，「轉圓石於千仞之山者，勢也」。這裡的勢主要是自然之勢。戰國時期的孫臏也同樣推崇勢，《呂氏春秋·不二篇》云「孫臏貴勢」。由於出土的銀雀山漢簡《孫

〔註33〕 王鳳陽著：《古辭辨》，長春：吉林文史出版社，1993 年 6 月第 1 版，第 458 ～459 頁。

〔註34〕 盧瑞容：《戰國時代「勢」概念發展析探》，《臺大歷史學報》第 25 期，2000 年 6 月。

臏兵法》殘缺不全，僅《勢備》篇保留其關於勢論的部分內容。孫臏比孫子論勢更進一步，他將勢比喻爲引滿之弓，「弓弩，勢也」，〔註35〕取如箭在弦、勢在必發之意。《威王問》云：「勢者，所以令士必鬥也。」〔註36〕可見，孫臏的勢論中人爲的因素明顯增大了。總之，先秦兵家重視從戰略、戰術、法令制度上造就和利用強大的勢，有時還從外交、後勤、宣傳、輿論上促成一種勢。如「置之死地而後生」的戰術其實也是一種有意識地設置而造成的必鬥之勢。

用兵之道講求勢，爲政治天下也同樣需要憑藉勢。在法家之前，孔子的弟子子夏就曾提出過「持勢」、「恃勢」。《韓非子‧外儲說右上》記載子夏之語曰：「《春秋》之記臣殺君、子殺父者，以十數矣，皆非一日之積也，有漸而以至矣。」因此，「善持勢者蚤絕姦之萌。」這裡所謂的「勢」是指勢位、權力，即要善於利用國君的至高無上地位和權力，將姦邪之事消滅於萌芽狀態。

而在政治思想中明確提出「勢」治的則是愼到，《韓非子‧難勢篇》曾集中引用愼到的勢論，「飛龍乘雲，騰蛇遊霧，雲罷霧霽，而龍蛇與螾螘同矣，則失其所乘也。賢人而詘於不肖者則權輕位卑也；不肖而能服於賢者，則權重位尊也。堯爲匹夫不能治三人，而桀爲天子能亂天下，吾以此知勢位之足恃，則賢智之不足慕也。」由此可見，愼到的「勢」論其實是將「勢」與「權」、「位」並提，這是很全面深刻的，也是作爲主流思潮的法家之「勢」論特色——熔「權勢、威勢、勢位」於一爐。《商君書》對「勢」也有關注，其「勢」論在諸子當中亦頗具特色。

二、《商君書》「勢」論探析

「勢」在《商君書》中主要有兩種內涵，其一指權勢、威勢；其二指時勢。而作爲時勢的「勢」正是《商君書》「勢」論區別於諸子的獨特之處。

1. 權勢、威勢——《商君書》的「勢」論

有學者指出，戰國時期的「勢」論包含「空間狀態」之勢和「時間之勢」。而所謂「空間狀態」的「勢」其實包含兩重含義：其一是自然之勢。如「山勢」、「水勢」、「風勢」、「火勢」等等，對山川風雨等自然界各種規律的認識與掌控，這是「勢」的空間思考中最爲普遍的一種。其二則指社會之勢。人

〔註35〕銀雀山漢墓竹簡整理小組編：《孫臏兵法》，北京：文物出版社，1975 年 2 月第 1 版，第 65 頁。
〔註36〕銀雀山漢墓竹簡整理小組編：《孫臏兵法》，第 42 頁。

與人之間由於所處社會地位不同，位勢的高低造成高者可以支配地位低者。〔註37〕法家明確主張居上位者應擁有位差優勢，即所謂勢位，這種優勢使上位者對其下者造成一種壓迫感即威勢，並享有馭下的權力即權勢。《商君書》也不例外。

《商君書》更強調君主在社會地位之差層面的「權勢」和「威勢」。如《禁使篇》的「勢」論即是代表，其文曰：「凡知道者，勢、數也。故先王不恃其彊而恃其勢，不恃其信而恃其數。今夫飛蓬遇飄風而行千里，乘風之勢也。探淵者知千仞之深，縣（懸）繩之數也。故託其勢者雖遠必至，守其數者雖深必得。今夫幽夜，山陵之大而離婁不見，清朝日䜋，則上別飛鳥，下察秋豪。故目之見也，託日之勢也。得勢之主，不參官而潔，陳數而物當。今恃多官眾吏，官立丞、監。夫置丞立監者，且以禁人之為利也；而丞、監亦欲為利，則何以相禁？故恃丞、監而治者，僅存之治也。通數者不然也。別其勢，難其道，故曰：其勢難匿者，雖跖不為非焉。故先王貴勢。」本篇從自然之勢類推至人類社會之勢，其中既包括君主本人的權勢，也包含各級官吏的權力和威勢。強調君主要重視權勢的運用，劃分好官吏的權力，使他們的徇私枉法行為沒有可乘之勢。

除明確提出「勢」之外，《商君書》中還提出了與「勢」同義的「權」，這就進一步表明該書中的「勢」更側重於社會地位意義方面的權勢和威勢。如《修權篇》開篇即言：「國之所以治者三：一曰法；二曰信；三曰權。法者，君臣之所共操也。信者，君臣之所共立也。權者，君之所獨制也。人主失守則危。」「權制獨斷於君則威。」這裡的「權」指的正是「權勢」，在治國的三要素當中，「法」和「信」皆是君臣所共同遵守、確立的，唯有「權」是君主單獨掌握的。「權」是君主實行法治和確立威信的先決條件。君主喪失權柄將會危險，運用權柄來裁斷才有威嚴。

儘管強調權勢由君主獨掌，但商鞅並非主張君主專制獨裁。《修權篇》即明確指出天下並非國君私有之物，其言云：「故堯、舜之位天下也，非私天下之利也，為天下位天下也；論賢舉能而傳焉、非疏父子親越人也，明於治亂之道也。故三王以義親，五霸以法正諸侯，皆非私天下之利也，為天下治天下。是故擅其名而有其功，天下樂其政，而莫之能傷也。今亂世之君臣，區

〔註37〕 盧瑞容：《戰國時代「勢」概念發展析探》，《臺大歷史學報》第 25 期，2000 年 6 月。

區然皆擅一國之利，而管一官之重，以便其私，此國之所以危也。故公私之交，存亡之本也。」因此，既主張君主獨擅權柄，同時又強調君主非爲一己之利，而是爲天下治天下，這才是商鞅「勢」論的要義。

　　商鞅的這一「勢」論特色似乎也影響到了其後以「勢論」而著稱的慎到。慎子所說的「勢」也主要是指社會地位層面的權勢：有了勢，就能操控一切；失去勢，則只能聽命於人。如《威德篇》云：「故賢而屈於不肖者，權輕也；不肖而服於賢者，位尊也。堯爲匹夫，不能使其鄰家；至南面而王，則令行禁止。由此觀之，賢不足以服不肖，而勢位足以屈賢矣。」〔註38〕在這裡「權」與「勢」含義相似，皆指權勢、勢位。儘管如此，《威勢篇》也認爲「古者立天子而貴之者，非以利一人也。」「故立天子以爲天下，非立天下以爲天子也。立國君以爲國，非立國以爲國君也。立官長以爲官，非立官以爲官長也。」顯然，慎到雖然重勢、貴勢，但並不膜拜於權勢，而是強調人類社會之所以設立不同的勢位主要是爲了天下、國家以及社會的秩序，並非爲了天子、國君、官長個人的一己私利。

　　除了強調社會地位層面的權勢、威勢之外，《商君書》也有表示客觀條件和形勢的「勢」，如《畫策篇》云：「故善治者，使跖可信，而況伯夷乎？不能治者，使伯夷可疑，而況跖乎？勢不能爲姦，雖跖可信也。勢得爲姦，雖伯夷可疑也。」這裡的「勢」即是指客觀條件和形勢。

　　總體看來，戰國時期的知識階層對「空間之勢」包括大自然現象與人類社會之空間結構的認知與操控，都遠勝過對「時間之勢」的瞭解與掌握。〔註39〕但《商君書》的「勢」論卻關注到這一點，並常將「勢」與「時」並提，其對「時間之勢」的分析在諸子當中是頗爲獨特的。

　　2.「勢」與「時」──《商君書》中的「時間之勢」

　　《商君書》中「勢」的另一個含義即表示社會的發展趨勢，且常常與「時」相對應。這種「勢」論即所謂「乘勢待時」，是對「時間之勢」的明確表達。《商君書》中談「時」有 25 次之多。如《更法篇》云：「及至文武，各當時而立法，因事而制禮。禮、法以時而定，制、令各順其宜，兵甲器備各便其用。臣故曰：治世不一道，便國不必法古。」這是商鞅變法理論的核心論點，

〔註38〕慎到撰，錢熙祚校：《慎子》，《諸子集成》本。
〔註39〕盧瑞容：《戰國時代「勢」概念發展析探》，《臺大歷史學報》第 25 期，2000年 6 月。

雖然沒有提及「勢」，但此處的「時」其實蘊含著對於「時」所造成的不同「勢」的體察。又如《算地篇》云：「不觀時俗，不察國本，則其法立而民亂，事劇而功寡，此臣之所謂過也。」不瞭解時代的需要、不考察治國的根本，是無法實現治道的。只有抓住了時勢去變革方是治道的根本。《壹言篇》批評當世不懂得「適時而治」的君主，「今世主皆欲治民，而助之以亂；非樂以為亂也，安其故而不窺於時也。」這裡的「時」亦含有「時勢」之義。

在《商君書》中，「勢」與「時」也並舉對稱。如《開塞篇》云：「聖人不法古，不脩今。法古則後於時，脩今則塞於勢。」此處的「時」是對「古」而言的，指當時整個的社會經濟狀況；「勢」則是對「今」而言，指社會的發展趨勢。「周不法商，夏不法虞，三代異勢而皆可以王。」這裡的「勢」是指客觀的形勢或條件，但由於強調的是「三代異勢」，其實也暗含「時勢」之意。換言之，不同的時勢造就不同的王者。

直接將「時」、「勢」連言則出現在《畫策篇》，是篇謂：「聖人知必然之理，必為之時勢；故為必治之政，戰必勇之民，行必聽之令。是以兵出而無敵，令行而天下服從。」這裡的「必為之時勢」已包含歷史發展的不以人的意志為轉移的某些規律性和客觀性問題。《畫策篇》還明確指出「事不同，皆王者，時異也。」遠古傳說中的帝王昊英和黃帝行事不同，但最終都王天下，是由於時勢不同的緣故。而神農之所以比黃帝聲名顯赫，是由於他行事「適於時」，即適應了時勢。

綜上所述，《商君書》中的「時」有確定含義，是指和「禮法」、刑政、甲兵等政治上層建築相對應的整個社會經濟狀況和人們的心理、習俗等，其本質是一種與時間相對應的人為之勢。而所謂「時勢」其實已將時間之勢和空間之勢綜合考慮，只是更突出「時」之變所導致的必然趨勢。

其實不僅《商君書》注意到「勢」與「時」的關係，戰國時期的儒、道、縱橫家等諸子都關注到這一點。如《孟子・公孫丑上》引齊人之言曰：「雖有智慧，不如乘勢；雖有鎡基，不如待時」，孟子引用的這段齊國諺語，已明確將「勢」與「時」並舉，強調客觀世界或現實對人的行為的支配力量，就是所謂「形勢」、「時機」。《莊子・秋水篇》亦曾借用孔子之口曰：「我諱窮久矣，而不免，命也；求通久矣，而不得，時也。當堯舜而天下無窮人，非知得也；當桀紂而天下無通人，非知失也；時勢使然。」莊子所謂「時勢」主要側重於個人的得失與命運。又如戰國時代著名的縱橫之士蘇秦說齊閔王之辭云：

「時勢者，百事之長也。故無權籍，倍時勢，而能事成者寡矣。」〔註40〕這句話充分肯定了「時勢」在事物發展過程中的主導作用。值得一提的是，縱橫家的「勢」論已具有辯證色彩，蘇秦為齊國上書趙王曰：「且物固有勢異而患同者，又有勢同而患異者。」〔註41〕意即事情的發展總會有情勢不同而禍患相同，或者情勢相同而禍患不同。可見，縱橫家注意到不同時間、空間條件下「勢」的表現後果可能相同也可能不同，需要辯證地分析。這種對「勢」的認識無疑較諸子更勝一籌。

總之，上述「時勢」之說已經開啟中國思想史上一個重要的思考議題：時勢的含義，就個人而言，是遇或不遇的問題；而就國家或國君而言，則為政策或措施「變」、「不變」的問題。《莊子》學派思考的重點顯然在於個人的「得失」與「時遇」的問題，而順應「時勢」改變政策或措施的言論，則是法家以及以言談游說諸侯的縱橫家之所長了。

二、《商君書》中的「術」論

《說文》：「術，邑中道也。」「術」是通向目的的道路，擴展開來，解決事情或問題的途徑、手段也叫「術」，在這個意義上，「術」也是方法。作為政治術語，「法」是根本的，是處理各種問題的準則；「術」則是處理具體問題的、經常因人因事而異的權宜之計，是帶有策略性的。在方法義上，「術」也是針對具體情況的手段。〔註42〕

對「術」這一概念有明確界定和闡述地當屬《韓非子·定法篇》，其文曰：「術者，因任而授官，循名而責實，操生殺之柄，課群臣之能者也。此人主之所執也。」由此可見，所謂「術」，指治國的策略和方法。又《難三》篇云：「人主之大物，非法則術也。法者編著之圖籍，設之於官府，而布之於百姓者也；術者，藏之於胸中，以偶眾端，而潛御群臣者也。故法莫如顯，而術不欲見。」由此可見，法與術的最大區別在於前者是公開的，後者是藏於胸中不能示人的。

《商君書》對「術」的論述，其含義與韓非所論之「術」論尚不能完全劃等號，大致有以下幾種情況。

〔註40〕《戰國策·齊策五》
〔註41〕《戰國策·趙策一》
〔註42〕王鳳陽著：《古辭辨》，長春：吉林文史出版社，1993年6月第1版，第458頁。

1.「**數**」、「**術**」相通。這種用例在《算地篇》中較爲多見。如《算地篇》云：「故爲國之**數**，務在墾草；用兵之道，務在壹賞。私利塞於外，則民務屬於農。……私賞禁於下，則民力摶於敵。」

關於第一個「**數**」的含義，各家注解一致：如蔣禮鴻以《呂氏春秋·長攻篇》：「固其數也」的注解爲例認爲這裡的「數」即「術」。〔註43〕況且「爲國之數」與下文的「用兵之道」對舉，因此，「爲國之數」的含義應與「治國之道」近似，理解爲「爲國之術」也符合上下文義。具體來說，《算地篇》所強調的治國要務在於驅民墾草。這個層面上的「數」——「術」其實依然是一種治國之道，稱之爲法治亦可，並非國君操之以辨識群臣之姦的「術」。

《算地篇》又云：「主操名利之柄，而能致功名者，**數**也。聖人審權以操柄，審**數**以使民。**數**者臣主之術，而國之要也。故萬乘失**數**而不危，臣主失術而不亂者，未之有也。今世主欲闢地治民，而不審**數**；臣欲盡其事，而不立**術**，故國有不服之民，〔主〕有不令之臣。」

第二個「**數**」，高亨先生認爲「主操名利之柄，而能致功名者，**數**也」中的「數」，指事物前進發展的必然順序和前因後果的必然關係，古語叫做「數」，所以數等於今語所謂定律。〔註44〕從上下文來看，這一解釋略顯牽強。後文緊接著即言「聖人審權以操柄，審**數**以使民。**數**者，臣主之術，而國之要也。」這就明白無誤地表明這裡的「**數**」仍然應理解爲「術」，是臣之主藉以治國的要訣，術治的對象是民，並非專指群臣。與韓非所說君主藉以御臣的術論並不相同。

2. 與「**法**」同義的「**術**」。如果說以上例句還僅僅是以「數」通「術」，《算地篇》末則直接點出「術」，「今國立爵而民羞之，設刑而民樂之，此蓋**法術**之患也。故君子操權一正以立**術**，立官貴爵以稱之，論榮舉功以任之，則是上下之稱平。上下之稱平，則臣得盡其力，主得專其柄。」這裡提出國君必須大權在握，統一法治，確立治國的方法。按照功勞授官予爵，輕重得當，這樣其官爵和刑罰才足以使民眾羨慕和畏懼。這種「**法術**」和「**術**」其實就是指「法治」。

又《靳令篇》亦云：「朝廷之吏，少者不毀也，多者不損也，效功而取官爵，雖有辯言，不能以相先也，此謂以數治。」這裡的「數」亦通「術」，指

〔註43〕 蔣禮鴻：《商君書錐指》，第 44 頁。
〔註44〕 高亨：《商君書注譯》，第 65 頁。

術治。強調授官予爵專任功勞反對言談稱之爲術治，其含義與「法治」亦十分接近。

3.「變」與「術」。由於「術」是藏於君主心中不能外露的，所以「多變」是「術」的顯著特徵。如《去彊篇》即提出「主貴多變，國貴少變」的說法，有學者或據此判斷該篇並非商鞅之作，因爲它主張國君統治要善於運用權術，以變化多端爲貴，顯然與申不害一系法家的觀點相合，而與重法的商鞅不符。其實不然，商鞅重法，並不代表他不注重術和勢。蔣禮鴻注釋此文時曾言：「法家三義，曰法、術、勢。商君特多言法，未嘗廢術、勢也。」〔註45〕對此，筆者深以爲然。所謂商鞅重法之說，只是由於法治在商鞅思想和政治實踐中占的比重更爲突出而已，上文我們已經分析了《商君書》中的「勢」論，《去彊篇》則恰好給我們提供了商鞅言術的一個例證。而我們一貫所認定的言「術」的申不害其實首先是一個法治論者，傳世文獻中有大量申子重法的佚文。如申子有言：「君必有明法正義，若懸權衡以稱輕重，所以一群臣也。」〔註46〕「君之所以尊者，令。令之不行，是無君也。故明君愼之。」〔註47〕「堯之治也，善明法察令而已。聖君任法而不任智，任數而不任說。黃帝之治天下，置法而不變，使民安樂其法也。」〔註48〕《韓非子‧外儲說左上》亦曾記載申不害的重法言論，其文曰：「法者見功而與賞，因能而授官，今君設法度而聽左右之請，此所以難行也。」所以我們不能看到法、術、勢三字就與申、商、愼三人對號入座，應具體問題具體分析。

綜上所述，我們發現《商君書》中所謂的「術」或「數」從本質上講與「法」更爲接近，指「爲政之要」，與韓非所說的君主馭臣之「術」並不相同。

〔註45〕　蔣禮鴻：《商君書錐指》，第 27 頁。
〔註46〕　《太平御覽》卷六百三十八《刑法部‧律令下》，四部叢刊影印本。
〔註47〕　《北堂書鈔》卷四十五《刑法部下‧律令》
〔註48〕　《藝文類聚》卷五十四《刑法部‧刑法》，文淵閣四庫全書本。

第三章 《商君書》所見思想研究（下）

第 節 驅民於農——《商君書》中的重農思想

遠古時期農業的發展狀況除考古發掘外，鮮有文字記載。夏商周三代中的周人是以擅長農業而著稱的，其始祖后稷「好農耕」，后稷還與其子不窋相繼擔任舜及夏初的農官，教民稼穡。周成王時舉行籍田禮，「率時農夫，播厥百穀」〔註1〕。西周末年，卿士虢文公曾指出「夫民之大事在農」〔註2〕。春秋戰國時期，隨著鐵器牛耕的使用，農業生產水平得到較大地提高。在戰國「七雄」爭霸的政治形勢下，富國強兵成了各諸侯國圖存稱霸的主要手段。而為了富國，則必須重視發展農業。重農已成為戰國時期各國君主的一種共識，重農學說也在戰國時代得到了長足的發展，不僅諸子百家皆言重農，專門的農家也在此時出現。與其他重農學說和農家學派的重農主張相比，《商君書》的重農思想獨具特色。

整部《商君書》中闡述重農思想的《墾令》、《農戰》、《去彊》、《算地》、《外內》、《錯法》、《壹言》等篇。要言之，其重農思想凸顯出如下特點：

第一、側重從政治角度立論，強調重農的目的是為了戰爭和稱霸。

《壹言篇》開篇即言，「凡將立國」，「事本不可不摶也」，「事本摶，則民喜農而樂戰。」國家的根本大事集中於一，民眾才能喜歡農耕而樂於參戰。而闡述商君核心主張的《農戰篇》認為「令民歸心於農」，是「聖人」的治國

〔註1〕《詩經‧周頌‧噫嘻》
〔註2〕《國語‧周語》

之要。「凡治國者，患民之散而不可搏也，是以聖人作壹，搏之也。」「是以明君修政作壹，去無用，止浮學事淫之民，壹之農，然後國家可富而民力可搏也。」「惟聖人之治國作壹，搏之於農而已矣。」該篇反覆強調令民眾歸心於農，其根本目的不僅僅在於國富，而是爲了戰爭和稱霸諸侯。《農戰篇》明確指出「歸心於農，則民樸而可正也，紛紛而易使也，信可以守戰也。」民眾歸心於農，就會樸實而容易治理，忠厚而容易役使，誠信而可以守土參戰了。一個國家從事農業的人越多，對外與諸侯爭霸的勝算越大。《農戰篇》云：「百人農，一人居者王。十人農，一人居者彊。半農半居者危。」「國不農，則與諸侯爭權，不能自持也，則眾力不足也。故諸侯撓其弱，乘其衰，土地侵削而不振，則無及已。」

第二，《商君書》強調重農帶有濃厚的功利性，其根本在於對外攻戰，國強主尊。

爲了使農民淳樸易於爲國所用，一方面國君治國應貴壹，利祿爵賞捨農戰而無他，不貴學問。如《墾令篇》所言，「無以外權爵任與官，則民不貴學問，又不賤農。民不貴學則愚，愚則無外交。無外交，（則國）勉農而不偷。民不賤農，則國安不殆。國安不殆，勉農而不偷，則草必墾矣。」此處的「外權」實際上是指靠遊說求官的術士，他們是讀書言談之士。這些人常常假借一國的勢力，求得另一國的官爵。

《算地篇》更將農業與戰爭緊密結合起來做綜合考察，該篇提出「任地待役之律」， 即利用土地、對待戰爭的原則。其文曰：「方土百里，出戰卒萬人者，數小也。此其墾田足以食其民，都邑遂路足以處其民，山林藪澤谿谷足以供其利，藪澤隄防足以畜，故兵出糧給而財有餘，兵休民作而畜長足。」意謂方圓百里出戰士一萬人，這是一個小的比例。按照這樣的比例制土分民，耕地足以提供人們糧食，國都及鄉野道路足以供人們居住，山林藪澤也能充分利用。以此出征則糧食充足而財物有餘，按兵不動則民眾勞作而積蓄富足。

第三、以明法禁令來打擊和削弱一切非農之民，帶有濃厚的強制色彩。

前文已經考證，《墾令篇》是商鞅變法之初在秦國實行的富國舉措，《墾令篇》提出各種禁令限制和取締一切有礙於農業生產的行爲，驅使盡可能多的閒散人等投入到農業當中。具體包括如下內容：

「重刑而連其罪」，則狹隘、急躁之民不敢私鬥，粗暴、兇狠的人不敢爭訟，懶惰的人不敢游蕩，浪費錢財的人不敢興風作浪，奸詐、阿諛奉迎而心

懷不軌的人也不敢行騙。

「使民無得擅徙」，即禁止民眾隨意遷徙，桀巧不安心於農的人就無處求食，必定務農。

「廢逆旅」，想要遠行謀生的各類非農之民無處投宿，開設客舍的人也失去謀生的飯碗，都要回歸於農。

「壹山澤」，國家專有山澤之利，靠山澤謀生的樵夫、獵人和漁夫們就無以為生，也必然歸心於農。

「重酒肉之價，重其租，令十倍其樸」；「使商無得糴」，「多歲不加樂，則饑歲無裕利」；「輸糧者不私稽，則輕惰之民不游軍市」；「重關市之賦」；「以商之口數使商，令之廝、輿、徒、僮者必當名」。增加商人的成本、禁止商人糶賣糧食從而操控糧價，打擊一切想要在軍市中牟利的行為；加重商人的賦稅，給商人的各類僕從增派傜役。以上各條是《墾令篇》中打擊商人的舉措，讓商人因無利可圖而不得不務農。

上述這些措施採取的均是行政禁令的強制方式，屬於典型的法家學派特色。

第四、不違農時之舉措也頗具法家嚴苛的思想特色。

體現重農最直接的舉措即保證農民開荒耕種的時間不受影響。「不違農時」之說諸子皆有，如《論語・學而篇》：「道千乘之國，敬事而信，節用而愛人，使民以時。」大儒孟子亦曾多次疾呼這一主張。「不違農時，穀不可勝食也。」﹝註3﹞《管子・輕重》曰：「孟春既至，農事且起，大夫無得繕家墓，理宮室，立臺榭，築牆垣；北海之眾無得聚庸而煮鹽。」案，齊國素來擅魚鹽之利，猶不許庸工以害農時。而商鞅又專恃農戰圖強，他重視農時自當不在管仲學派之下。商鞅提出的「不違農時」主張主要是「令送糧無取僦，無得返庸」。所謂「令送糧無取僦，無得返庸」，意即農民為官府服役運輸糧食時往返皆不得受雇私運其他貨物。官府把所有閒散的牛車皆徵發來服役，這樣則裝載少、車輕，行走起來自然速度加快。車輛來往皆迅速省時，那麼農作就少受影響了。

戰國諸子多屬於理論家，由於缺乏為政的實踐經驗，他們的重農主張很難想到如此鉅細精微之處；而以重農著稱的農家則致力於農耕技藝的提高和推廣上，很少會關注賦役時間對於農業生產的影響。因此，這種「不違農時」

﹝註3﹞《孟子・梁惠王上》

的舉措，也只有商鞅這樣的主政者才能設想出來。

第五，《商君書》中的重農思想體現出法家一貫的平等原則。

諸子重農思想中，重農主要是對在上位者治國策略的一種要求，務農的對象主要是指民眾。而在《商君書》中，力農的對象既包括普通民眾，也包括貴族的庶子、私徒屬以及商人的僕從等。不致力於農而從事末業者同罰，耕織致粟帛多者同賞。這一舉措完全取消了貴族階層不事稼穡的特權。不僅如此，在農業稅和徭役徵發方面，無論貴賤也一視同仁。

在農業賦稅徵收上，「訾粟而稅」。如《墾令篇》所言：「訾粟而稅，則上壹而民平。」「上信而官不敢為邪，民愼而難變，則下不非上，中不苦官。下不非上，中不苦官，則壯民疾農不變。壯農疾農不變，則少民學之不休。」所謂「訾粟而稅」，即按照穀物的產量來徵收農業稅。這樣以來，征稅合理劃一，無論官吏、貴族及平民一律平等，無畸輕畸重，故民心平和無怨。

在徭役徵發方面，「以其食口之數，賦而重使之」。《墾令篇》認為有豐厚俸祿和食邑之稅的貴族之家，既有龐大的家族成員，又有眾多的家臣和私家奴僕，食口之數必眾。而這些不事耕作的「辟淫游惰」之民，又要消耗大量的糧食。因此主張採取「以其食口之數，賦而重使之」的懲罰性措施，這些人不但要交納人頭稅，還需要被加派勞役。貴族們不堪其苦，必然會遣散冗餘之民，他們無處取食，自然會回到國家的控制之下致力於農耕墾草。不僅如此，商鞅還特別針對不從事農作的卿大夫之庶子提出專門的對策，即「均出餘子之使令，以世使之，又高其解舍，令有甬官食槩，不可以辟役，而大官未可必得也，則餘子不游事人，則必農。」

賦稅、徭役制度的平等，使得全天下之民皆在國家和君主法治的掌控之下，運用法治手段把全國的勞動力組織起來從事農業生產，這種論證思路也符合商鞅作為主政者的理論特色。

需要指出的是，儘管《商君書》的重農思想體現出法家一貫的平等原則，然而其對象主要限定於臣和民的範圍，國君本人是被排除在外的。而專門的農家如許行、陳相等人則主張君主與民同耕，反映出其重農思想的徹底性。許行（前 390～前 315）的事迹見於《孟子·滕文公》，其文曰：「陳相見孟子，道許行之言曰：『滕君，則誠賢君也；雖然，未聞道也。賢者與民並耕而食，饔飧而治。今也，滕有倉廩府庫，則是屬民而以自養也，惡得賢？』」

第六，《商君書》中的重農思想還體現出重理論、輕實踐的特點。

儘管《商君書》一再鼓吹農耕，但其立足點僅止步於政治層面，很少談及如何經營和發展農業，至於在微觀層面如農業耕作方法等方面則隻字未提。這是《商君書》重農思想的又一特點。與之相比，《呂氏春秋》中的重農思想則偏向於農學理論和農業技術，且主要體現在《上農》、《任地》、《辨土》、《審時》四篇當中。〔註4〕如《任地篇》論使用土地為農業生產之道，特別論述了耕作原則和耕作方法。如云「凡耕之大方」、上田、下田的耕作原則、五耕五耨、鋤草的方法等；《辨土篇》雖以辨土為篇名，但內容並不限於辨識土質厚薄而種植，同時對耕作原則和方法做了更為詳細的論述，如去三竊（地竊、苗竊、草竊）、作畦疇、稼苗行列、播種及定苗等，可與《任地》篇互為補充。《審時》篇討論農作物與時令的關係，並以禾、黍、稻、麻、菽、麥六種農作物為例討論「得時」、「先時」與「後時」的不同生長情況，強調了適時耕作的理論。

總之，《商君書》的重農思想偏重於從政治角度立論，其目的在於戰爭和稱霸；並具有明顯的法家特色，用明法禁令取締一切非農之民，無論貴賤皆須開墾荒地務農和參加徭役，按照糧食產量收取農業稅等等。由於出自政治家商鞅之手，《商君書》的重農思想主要停留於宏觀的政治層面，在微觀的農業耕作技術和方法方面則未置一詞。

第二節　政勝為本——《商君書》的軍事思想

戰國是一個「海內爭於戰攻，務在強兵並敵」〔註5〕的時代。法家為求國家能在此時代生存發展，於是特別注重國富兵強，而在理論上建立國家尚力學說，正如《慎法篇》所云：「國之所以重，主之所以尊者，力也。」在此基礎上，法家還認為國家的興亡，決定於力的較量——即戰爭的勝負。在傳世本《商君書》的《農戰》、《立本》、《戰法》、《兵守》、《境內》、《畫策》等篇皆涉及軍事問題。前文多次指出商鞅是戰國前期一位著名的政治家，曾輔佐秦孝公進行著名的變法改革。同時商鞅還是一位傑出的軍事家，他曾多次率

〔註4〕一般認為《呂氏春秋》中的《上農》等四篇，大致取材於《后稷》農書，因為文中多次引用后稷之語。但是所謂《后稷》農書也應是戰國時期的東西，大約還是戰國後期的東西。見陳奇猷校釋：《呂氏春秋新校釋》下冊，第1720頁。

〔註5〕《史記·六國年表》

兵打仗，積累了豐富的戰爭經驗，故《商君書》中涉及軍事問題的篇章也在情理之中，並有深厚的實踐根基。《戰國策·齊策五》有云：「衛鞅之始與秦王計也，謀約不下席，言於尊俎之間，謀成於堂上，而魏將以禽於齊矣；衝櫓未施，而西河之外入於秦矣。」《荀子·議兵篇》亦曾云：「故齊之田單、楚之莊蹻、秦之衛鞅、燕之繆蟣，是皆世俗之所謂善用兵者也。」可見商鞅的軍事才能在戰國時期是得到廣泛認可的。由於商鞅的兵學作品《公孫鞅》二十七篇久已散佚，故今傳本《商君書》中所存關於軍事問題的篇章，就成為我們瞭解商鞅及其後學軍事思想的主要材料。

商鞅及其學派的兵學作品雖不多，卻很有創見，並且極具法家性格，不愧是「善用兵者」之作。因此，在兵家學術的拓展方面，自有其獨到之處。具體表現在如下幾個方面：

首先，在戰爭觀上，《商君書》認為戰爭是不可避免的，故「以戰去戰，雖戰可也」，即主張應積極出戰，而非迴避戰爭。

戰國時代，由於諸侯之間連綿不斷的戰爭，把各階層的人們推向死亡的邊緣，戰爭的殘酷性和破壞性，是戰國時人普遍意識到的問題。因此，戰國諸子大都主張「偃兵息武」，停止戰爭，以「無為」或「仁政」等來爭取天下的統一〔註6〕，視戰爭為不得已而為之的手段。與諸子的戰爭觀迥然不同，《商君書》則把戰爭看作取得霸主地位必須的手段，所以主張積極出戰，而不是

〔註 6〕 從根本上講，諸子大多數站在人本主義的立場反對戰爭，但由於他們也意識到戰爭的不可避免，因此從各自的立場出發，提出不同的應對戰爭的方法。如墨子以「為萬民興利除害」為己任，並為之孜孜奮鬥，遊說諸侯，謀求制止戰爭，安定社會和民生。墨子強調「非攻」，反對戰爭。他曾謂「今且天下之王公大人士君子，中情將欲求興天下之利，除天下之害，當若繁為攻伐，此實天下之巨害也。」（《墨子·非攻下》）與此同時，墨子還注重防守之術來應對別國的進攻；而老子則認為：「夫唯兵者不祥之器，物或惡之，故有道者不處。」（《老子》第三十一章）；儒家的孟子反對以純粹功利為目標的戰爭，對「爭地以戰，殺人盈野，爭城以戰，殺人盈城」的戰爭深惡痛絕，他曾謂：「善戰者服上刑，連諸侯者次之，闢草萊、任土地者次之。」（《孟子·離婁上》）但孟子並不反對戰爭，他主張「仁者無敵」、「以至仁伐至不仁」，賦予戰爭以道德屬性。公孫龍曾與趙惠王談及偃兵，「偃兵之意，兼愛天下之心也。」（《呂氏春秋·審應篇》）另外，他還曾「說燕昭王以偃兵」（《呂氏春秋·應言篇》）。惠施亦提倡偃兵之說，《韓非子·內儲說上》云：「張儀欲以秦、韓與魏之勢伐齊、荊，而惠施欲以齊、荊偃兵。」管子學派還提出「至善不戰」（《管子·兵法》）的觀點。合而觀之，除墨子之外，這些說法或消極被動、或迂遠空疏，都不如兵家和《商君書》的戰爭觀切近實際。

迴避戰爭。《商君書》在戰略上非常重視戰爭，常把戰爭和農業相提並論，全書中農戰並稱有 22 次之多。它把戰爭視爲稱王稱霸必不可少的條件，《畫策篇》云：「名尊地廣以至王者，何故？名卑地削，以至於亡者，何故？戰罷者也。不勝而王，不敗而亡者，自古及今未嘗有也。」不僅如此，該書還把戰爭看作治理國家的必要措施。《農戰篇》曰：「國待農戰而安，主待農戰而尊。」所以無論國家強弱貧富都要打仗，因爲「國彊而不戰，毒輸於內，禮樂蝨官生必削」〔註7〕，「國富而不戰，偷生於內，有六蝨，必弱。」反之，國家貧窮，但是致力於戰爭，「毒生於敵，無六蝨，必強。」〔註8〕《商君書》認爲戰爭是國家由弱小貧窮到富裕強大不可缺少的手段。

　　這種戰爭觀，與書中獨特的歷史觀也有著密不可分的關係。《畫策篇》描繪了人類社會的演進過程，作者認爲：在太古的昊英之世，人們以伐木和漁獵爲生，人民少而樹木、野獸很多；到了神農之世，人類開始「男耕而食，婦織而衣，刑政不用而治，甲兵不起而王。」之後的黃帝時代即階級社會，出現了「以彊勝弱，以眾暴寡」的局面，故黃帝作「君臣上下之義，父子兄弟之禮，夫婦妃匹之合，內行刀鋸，外用甲兵，故時變也。」正是從歷史與現實出發，該篇作者已認識到戰爭是一種特殊的社會歷史現象，是人類發展到一定階段後才出現的產物。因此，作者認爲在「強國事兼併，弱國務力守」的戰國時代，既然戰爭已是不可避免的一種社會歷史現象，那麼「以戰去戰，雖戰可也。」即提出以戰爭消滅戰爭來實現統一的戰爭觀。而先秦諸子由於對分裂割據形勢下戰爭產生的根源和必然性問題認識不足，所以他們的學說多顯得蒼白無力，從根本上並不能拯救社會。與諸子相較，《商君書》中的這種認識無疑順應了歷史潮流的發展。

　　但另一方面，該書在具體戰術上則主張對於戰爭採取謹慎的態度，從根本上說與兵家的慎戰思想也是一致的。最早提出慎戰思想的是孫武，他認爲：「兵者，國之大事，死生之地，存亡之道，不可不察也」〔註9〕。孫武堅決反對在戰爭問題上輕舉妄動，窮兵黷武。強調用兵作戰「合於利而動，不合於利而止」，「主不可以怒而興師，將不可以慍而致戰」，對於戰爭，「明君慎之，良將警之，此安國全軍之道也。」〔註10〕。商鞅一系法家學派繼承了《孫子》

〔註7〕　《商君書‧去彊篇》
〔註8〕　《商君書‧靳令篇》
〔註9〕　《孫子兵法‧計篇》
〔註10〕　《孫子兵法‧火攻篇》

的愼戰思想,《戰法篇》云:「兵大律在謹」,即用兵作戰的重要原則在於謹愼。切忌輕敵冒進,「無敵深入」,使己方陷於危險的境地,如此,則「民倦且饑渴,而復遇疾」,無疑會打敗仗。

其次,在對戰爭性質的認識上,《商君書》更注重戰爭的結局,而不在乎採取何種手段。

《商君書》論及戰爭,既不在意取勝的手段,也不論其正義與否,而只重視戰爭結局和目的,表現出強烈的功利色彩。雖然商鞅及其學派也意識到通過戰爭統一天下是其長遠目標,但在具體策略上,他們還是把國家的強大、安定都建立在戰爭之上,認爲「戰必覆人之軍,攻必凌人之城,盡城而有之,盡賓(實)而致」〔註11〕就是戰爭的直接目的,表現出對武力和戰爭的極端崇尚。基於這一認識,爲了達到勝利的目的,採取何種手段就顯得無關緊要了。《弱民篇》有言曰:「兵至彊,威;事無羞,利。用兵久處利勢,必王。故兵行敵之所不敢行,彊;事興敵所羞爲,利。」只有敢於做敵人不敢爲、羞於爲之事,才能取得軍事上的勝利。這種思想傾向與《孫子兵法》甚爲吻合。《孫子兵法》作爲春秋晚期所著的成熟兵書,是對整個春秋時期數百年戰爭經驗的總結,體現了這一時期戰爭由以仁爲本到兵以詐立的轉變。孫子主張戰爭要「非利不動,非得不用,非危不戰。」「合於利而動,不合於利而止。」在孫子看來,戰爭的根本目的是維護國家安全,獲得利益,爲達到這一目的,孫子並不在乎取勝的手段是否恰當。因此他提出「兵者,詭道也」〔註12〕的著名論斷,主張「攻其無備,出其不意。」

第三,在決定戰爭勝負因素的認識上,《商君書》更強調政勝,即教民勇於寇戰。

《戰法篇》云:「凡戰法必本於政,(政)勝則其民不爭,不爭則無以私意,以上爲意。故王者之政,使民怯於邑鬥而勇於寇戰。」即戰勝的根本在於政治上的成功,最重要的就是讓民眾服從國家的命令,勇於公戰。《立本篇》也強調用兵獲勝有三個層次,其中第一個層次就是在未發動戰爭之前就制定法令,使民眾形成喜聞樂戰的風俗。這種認識反映在具體作戰上就是把士卒打仗的積極性、鬥志放在至關重要的位置,認爲其他因素都是次要、甚至不必要的。《立本篇》云:「彊者必剛鬥其意,鬥則力盡,力盡則備是,故無敵

〔註11〕《商君書·賞刑篇》
〔註12〕《孫子兵法·計篇》

於海內。」《兵守篇》主張守有城之邑，要用「死人之力」與「客生力戰」。
所謂「死人之力」就是誓死守城的決心，有此決心，則「城盡夷，客若有從
入，則客必罷，中人必佚矣。以佚力與罷力戰，此謂以生人力與客死力戰。
皆曰：圍城之患，患無不盡死而邑」。所以一軍之將首先要做的就是調動士卒
鬥志，誓死守城。爲了讓士卒保持頑強、昂揚的鬥志，《兵守篇》還提出應杜
絕男、女、老弱三軍互相來往，因爲「壯男過壯女之軍，則男貴女而姦民有
從謀而國亡。喜與其恐有蚤聞，勇民不戰。壯男、壯女過老弱之軍，則老使
壯悲，弱使彊憐。悲憐在心，則使勇民更慮而怯民不戰。故曰：愼使三軍無
相過。」男女士卒互相來往，因互相欣慕、產生感情而不願打仗，壯男壯女
到老弱之軍又會因產生悲憫之情而削弱鬥志，這些均不利於戰爭勝利。

　　爲了讓士卒在戰場上奮勇搏殺，《商君書》主張嚴刑厚賞。商鞅及其後學
深知人民厭惡戰爭，「凡之外事莫難於戰，故輕法不可以使之」〔註13〕，所以
要通過重刑迫使、重賞誘惑以形成好戰、尚戰之風。連坐法即《商君書》提
倡的重刑之一種。首先是士卒與家人連帶。士卒在戰場上的表現直接關係到
家人的生命安全，所以出征前，「父遺其子，兄遺其弟，妻遺其夫，皆曰：『不
得，無返，』又曰：『失法離令，若死我死。』」其次，士卒之間也形成連帶
關係，每五人組成一伍，「辨之以章，束之以令，拙無所處，罷無所生。」如
此一來，士卒爲了保全自己和家人的性命只能拼死而戰，客觀上就形成了「三
軍之士從令如流，死而不旋踵」〔註14〕的勝利局面。重刑迫使的同時，還用
重賞做誘餌，使「民見戰賞之多則忘死，見不戰之辱則苦生。賞使之忘死而
威使之苦生，而淫道又塞，以此遇敵，是以百石之弩射飄葉也，何不陷之有
哉？」〔註15〕爲了使刑賞顯示出足夠的威力，要「利出一孔」，使「邊利盡歸
於兵，市利盡歸於農」，「富貴之門必出於兵」人們除了通過農戰獲得榮華富
貴，別無他法。這樣，刑賞就最大限度地影響著人們的生活，「怯民使之以刑
則勇，勇民使之以賞則死」，〔註16〕在重刑威逼、重賞利誘下人們不再憎惡、
害怕戰爭而是「聞戰而相賀也，起居飲食所歌謠者戰也」，〔註17〕重戰之風就
此形成。

〔註13〕　《商君書・外內篇》
〔註14〕　《商君書・畫策篇》
〔註15〕　《商君書・外內篇》
〔註16〕　《商君書・說民篇》
〔註17〕　《商君書・賞刑篇》

由於過於強調鬥志對戰勝的決定性作用，因此對於作戰所用的兵器和計謀，《商君書》則不甚看重。《立本篇》說：「故恃其眾者謂之葺，恃其備飾者謂之巧，恃譽目〔註 18〕者謂之詐。此三者恃一，因其兵可禽也。」其中「備飾」指兵革器械，即兵器。「譽目」，即謀臣。這段話的意思是說打仗靠人多不行，靠兵器優良和謀臣的計策也不行，依賴這三者中任意一個，就會打敗仗。在作者看來，戰勝敵人靠的是鬥志，只要士卒以死相拼，沒有打不贏的戰爭。精神力量在戰爭中固然有舉足輕重的作用，無論裝備多麼優良、糧草多麼充足，如果士卒上了戰場萎靡不振，決不可能打勝仗。相反，在條件不利的情況下，士卒昂揚的鬥志一定程度上可以彌補客觀的不足。但是，《商君書》中這種把精神力量——鬥志在戰爭中的作用強調過度的傾向，體現出的實際上是對士卒生命的輕視。

戰爭是殘酷而血腥的，先秦諸子在論戰爭時大都具有濃郁的人本、民本色彩，強調富國和富民的統一。儒、墨兩家多看重和強調戰爭的正義性，其戰爭觀也帶有濃厚的倫理觀念。在這一方面，荀子的看法最為典型。荀子提出「為義而戰」的主張。在荀子看來，戰爭不僅僅是維護國家安全的工具，更是仁義者用來制止惡人為禍的手段。「仁人愛人，愛人，故惡人之害人；義者循理，循理，故惡人之亂也。」「彼兵者，所以禁暴除害也，非爭奪也。」荀子把為爭奪利益而戰的軍隊稱為「盜」；荀子強調戰爭的正義性，認為戰爭只能是征伐不義而非攻佔城池，「王者有誅而無戰」，戰爭時，「不屠城」，不擾民。〔註 19〕在論及為兵之道時，先秦諸子多注重兵器和戰爭謀略，兵家尤甚。

比較而言，《商君書》中的軍事思想受《孫子兵法》的影響較大，但同時又有其特殊性。由於《商君書》把國家取得霸主地位視為終極目標，它把國家和人民視為絕對對立的一組矛盾：民弱則國強，民強則國弱。在這樣的政治原則下，《商君書》把軍事行為視為打擊敵人和弱民從而強國的雙重手段，置個人生命於度外。因此，其軍事思想顯現出赤裸裸的功利性，缺少對人的關懷。

〔註 18〕 高亨指出「譽目二字義不可通，目當作臣，形似而誤。……又疑譽當作謩，亦形近而誤。謩即謨字。」故譽目即謨臣，亦即計謀之臣。詳見高亨：《商君書新箋》，收入高著《商君書注譯》，第 229 頁。
〔註 19〕 《荀子・議兵篇》

綜觀《商君書》全書，其要旨不外乎法治與耕戰。此外在闡明變法的必要性、徠民等觀點時，它無時不顯示出迥異於戰國諸子論說的特殊性。具體說來，此書有以下兩個方面的特色：

第一、實踐性是《商君書》思想的突出特色

《商君書》是闡述商鞅及其學派關於治道之作。與先秦諸子不同的是，《商君書》中的很多思想和主張是經過戰國政治實踐的檢驗並被證明是可行的，而諸子如儒、墨、道等各家的學說，大多未經歷過政治實踐的檢驗。商鞅的主張和思想在變法過程中得到直接的應用，並在秦國取得巨大的成功，就是最有力的證據。具體到《商君書》，如關於重刑厚賞的主張在睡虎地秦簡當中得到直接的證實；又如軍功爵和納粟拜爵，在文獻及簡牘材料中皆有反映；再如關於上計制和法律制度更簡直就是現實政治的寫照。凡此等等，不一而足。因此我們說實踐性是《商君書》思想的突出特色。

體現在具體陳說上，《商君書》倡導法治，但關於法治的意義，《管子》一書已經道及。《商君書》並無新創之見解，但其論述施行法治之方法，則爲《管子》所不能涵蓋。具體表現在：其一，廣布法律知識。將律文公之於眾，實肇端於春秋時期的鑄刑鼎、刑書。《管子》書中也有布憲施教之說，韓非子亦承襲此說，但以《商君書》之論述最爲完備。《定分篇》言之尤爲細密；其二，以賞罰爲制裁。如《畫策篇》言：「國之亂也，非其法亂也，非法不用也。國皆有法，而無使法必行之法；國皆有禁姦邪刑盜賊之法，而無使姦邪盜賊必得之法。……故善治者刑不善而不賞善，故不刑而民善。」

第二、濃烈的功利主義

商鞅變法所推行的「霸道」集中體現在變法措施中，其內容概括起來就是強化君主集權，使用刑罰，獎勵耕戰，以經濟和軍事實力稱霸天下。秦國最終統一六國，在很大程度上可以說是商鞅以來推行『霸道』的結果，而不斷的勝利不僅推動了統一事業的完成，也使「霸道」的價值得到了重新評估和肯定。於是，由「霸道」所倡導的事功主義精神遂成爲戰國中後期思想運動中的主流意識，《商君書》中即處處彌漫著濃烈的功利主義色彩。如《愼法》明確指出：「千乘能以守者，自存也；萬乘能以戰者，自完也；雖桀爲主，不肯詘半辭以下其敵。外不能戰，內不能守，雖堯爲主，不能以不臣諧所謂不若之國。自此觀之，國之所以重，主之所以尊者，力也。」在商鞅看來，戰國時代是一個爭於「力」、較於「力」的時代，國家的生死存亡在很大程度上

取決於實力的強弱。實力不會從天上掉下來，只能靠辛勤的耕作和積極的對外戰爭，所以商鞅獎勵耕戰，認爲：「耕、戰二者，力本。」〔註20〕一方面加賞力耕者，規定民有餘糧，可以賣糧買爵，免於力耕之苦。另一方面又設立軍功爵，每升一級即可享受到相應的特權。這是一種典型的功利主義教化方式，在法家這種教化思想下，秦人形成了「喜農而樂戰」的風俗，秦國「道不拾遺，山無盜賊，家給人足，民勇於公戰，怯於私鬥，鄉邑大治。」〔註21〕

「事功」是商鞅「霸道」政治的核心內容和主體精神，據統計，在《商君書）中，「功」字出現 53 次，足見商鞅及其學派對「功」的重視程度。自商鞅變法以後，秦統治者一直對事功精神情有獨鍾，並將其作爲教化民眾的主題。長期的宣揚和引導，塑造了秦士大夫、官吏、百姓等各社會階層強烈的功利意識。功利主義在各階層的滲透，使之成爲秦社會運作的靈魂和槓杆，進而昇華爲秦人的精神支柱，對秦史和整個戰國局勢產生了重大影響。

總之，商鞅及其學派思考和行動的目的，簡言之，即使秦國國富兵強。在他們看來唯有如此，秦國才有可能統一六國。在他們的心目中，使秦國富強起來只能說是爲達到統一——這個在當時高於一切目的的手段。這個最高的目的就是：結束戰國時代，在幾百年的混亂和自相殘殺之後致力於重建外部和平和內部秩序。作爲務實的政治家，他們更爲關注的是如何來解決當前的現實政治問題，而不是就國家的本質和目的進行學術上和理論上的探討。

〔註20〕《商君書·慎法篇》
〔註21〕《史記·商君列傳》

結語 《商君書》在戰國秦代政治思想史中的地位

　　今本《商君書》即自漢以來相沿未替之本，儘管全書各篇並非作於一人，也非寫於一時，然其主張大體上與商鞅的變法實踐和思想相合。此書在戰國末年和秦代乃至後世均有深遠的影響。

首先，在戰國後期及秦代學術思想中居於主導地位

　　秦國由於實行商鞅變法，迅速富強，對山東六國相繼展開軍事攻伐。秦軍所到之處，秦法隨之推行，作為秦法指導思想的商鞅學說也被秦國的官吏傳播到新佔領之地。可以說，在戰國後期及秦代的學術思想中，商鞅思想居於主導地位。戰國末年及秦代產生的幾部代表性的學術著作，都深受《商君書》的影響，帶有深深的時代烙印。

　　第一、對儒家後學荀子的影響

　　戰國末葉，批判和總結先秦諸子成為各家共同的一種思潮，如《莊子·天下篇》、《荀子·非十二子》、《韓非子·顯學篇》等即是代表。而在《非十二子》當中，荀子言辭犀利點名批評了儒、墨、道、法、名家各派代表人物，而商鞅並不在其中。商鞅學說在戰國中後期影響如日中天，連大儒荀子也對其心向往之。荀子曾親往秦國，目睹了變法後秦國的社會風貌，故荀子對商鞅評價很高。荀子至秦，時值秦昭王四十一年（前 266 年）左右，距商鞅變法已近百年。荀子認為秦國蒸蒸日上的政治形勢是商鞅變法的長期功效所致，絕非偶然，「故四世有勝，非幸也，數也；是所見也。故曰：佚而治，約而詳，不煩而功，治之至也。秦類之矣。」[註1] 由於荀子對商鞅及其變法推

〔註1〕《荀子·富國篇》

崇有加，對商鞅的政治學說也積極汲取。《荀子》論「君道」、「王制」皆效法商君，具體表現在：

其一，《君道篇》所論治國之道皆取法商鞅。如關於重農抑末的思想，是篇謂「省工賈，眾農夫，禁盜賊，除姦邪，是所以生養之也。」意即削減工匠和商人而增加農夫人數，這正是商鞅「重農抑末」主張的同義表達。商鞅變法令中即明確規定「事末利及怠而貧者舉以爲收孥。」《墾令篇》指出要「貴酒肉之價，重其租」，使「商賈少」而農者眾；《農戰篇》認爲若一國之民皆「好辯樂學，事商賈，爲技藝」以避農戰，這樣就離亡國不遠了。治國者應「令民歸心於農」。又如關於如何選官，《君道篇》云：「量能而授官。」荀子所謂「授官」即商鞅所說之「立官」，論功勞、才能授予官爵的做法是商鞅一貫的主張。商鞅變法令規定「有軍功者各以率受上爵」。《去彊篇》謂「舉勞任功曰彊」，《弱民篇》云：「明主之使其臣也，用必加於功，賞必盡其勞。」《算地篇》所謂「立官貴爵以稱之，論榮舉功以任之。」

再如強調君權，《君道篇》所謂「明分職，序事業，材技官能，莫不治理，則公道達而私門塞矣。」其中「公道達而私門塞」一語亦近似於商鞅之「上開公利而塞私門」〔註2〕。商鞅主張國家本位，以公利爲先，嚴厲打擊私門之請。故《修權篇》云：「公私之交，存亡之本也。」

其二，《王制篇》對王者之制的闡述亦有多處採擷商鞅之說。如最明顯的是關於「王」、「霸」、「彊」三個層次的界說，無疑得自商鞅遊說秦孝公時的不同說辭。是篇謂：「王奪之人，霸奪之與，彊奪之地。奪之人者臣諸侯，奪之與者友諸侯，奪之地者敵諸侯。臣諸侯者王，友諸侯者霸，敵諸侯者危。」即言王者奪他國之賢人，霸者奪他國之與國，強者奪他國之土地。奪取賢人的使諸侯臣服，奪取與國的與諸侯爲友，奪取土地的與諸侯爲敵。讓諸侯臣服者王天下，與諸侯爲友者霸天下，與諸侯爲敵者國家就危險了。下文更分三段從理論上對王、霸、彊三種治國之道進行深入地闡釋。這些論點，顯然受商鞅遊說之辭的影響。再如關於賞罰的觀點，《王制篇》云：「王者之論：無德不貴，無能不官，無功不賞，無罪不罰。」所謂「無功不賞」與商鞅變法令中的論軍功受賞的規定是一致的；而所謂「無罪不罰」也近似於商鞅變法過程中「信賞必罰」的一貫原則。

此外，《議兵篇》所謂「凡用兵攻戰之本，在乎壹民」的主張與《商君書》

〔註2〕《商君書・壹言篇》

的《賞刑》、《壹言》等篇的論點也頗爲吻合。

第二、對法家集大成者韓非的影響

清人譚獻云：「讀《商子》。重農務本，所見最大。峻法薄賞，爲禍最烈。其棄絕儒術、禁息遊說，則當日救時之激論，與韓非相通。」〔註3〕譚氏之論揭示出《商君書》於韓非影響之一斑，在《韓非子》一書中我們不難發現商鞅及《商君書》的影子。主要表現在以下幾個方面：

其一，對人地關係的認識上。韓非所在的韓國，早在戰國中期就已「土狹而民眾」，「其土之不足以生其民」〔註4〕。至韓非生逢的戰國末年，韓國依然人口眾多，僅宜陽一地，就有「城方八里，材士十萬」〔註5〕。有鑒於此，在人口問題上，韓非首先指出人口會不斷增多這一事實，「今人有五子不爲多，子又有五子，大父未死而有二十五孫。是以人民眾而貨財寡」。而人口過多正是導致人與人之間爭奪的原因，「古者丈夫不耕，草木之實足食也；婦人不織，禽獸之皮足衣也。不事力而養足，人民少而財有餘，故民不爭。是以厚賞不行，重罰不用，而民自治。……是以人民眾而貨財寡，事力勞而供養薄，故民爭。雖倍賞累罰而不免於亂。」〔註6〕

在這裡韓非第一次採取了用財貨與人口對比來說明人口增長與否的方法。比之商鞅學派用土地與人口對比，不僅是一個很大的發展，而且能更確切地說明人口是多了還是少了。其次，韓非敏銳地看到了人口的再生產必須適應於物質資料的再生產，看到了人口的多寡在一定生產力條件下會影響到人們生活水平的高低，也是很有見地的。

其二，重農的思想傾向。　韓非繼承了商鞅學派的觀點，主張「富國以農」〔註7〕，增加農業人口，減少非農業人口。他說：「夫明王治國之政，使其商工游食之民少而名卑」。韓非認爲農業是治國之本，只有增加農業人口，才能富國強兵，一統天下，做到「無事則國富，有事則兵彊」。由這一前提出發，他在商鞅「六蝨」的基礎上提出「五蠹」。在他看來，工商之民、研究學問者、遊說爲事者、游俠劍客及逃避兵役的人等非農業人口，都是「邦之蠹也」，是

〔註3〕譚獻：《復堂日記》卷一，石家莊：河北教育出版社，2001年1月第1版，第23頁。
〔註4〕《商君書・徠民篇》
〔註5〕《戰國策・周策》
〔註6〕《韓非子・五蠹篇》
〔註7〕《韓非子・五蠹篇》

有害於國的壞人，應該把他們統統從社會生活中清除出去。「人主不除此五蠹之民，不養耿介之士，則海內雖有破亡之國，削滅之朝，亦勿怪矣。」增加農業人口，減少非農業人口，商鞅雖然早已提出，但韓非顯然比他更爲偏激。

其三，愚民的文化政策。爲了推行農戰政策，建立最高統治者的絕對權威，韓非還把商鞅的愚民主張推向了極端，反對提高人們的知識和文化。他說：「博習辯智如孔、墨，孔、墨不耕耨，則國何得焉」〔註 8〕。韓非認爲一切知識和文化都是沒有用的，人們有了它，既不利於國，又有害於農戰政策的實行。因此，他把一切「文學之士」、「有能之士」和「辯智之士」等都看成是「姦僞無益之民」〔註 9〕，應該全部清除。甚至還主張禁止私人著作流傳和私人講學，嚴格控制人們的思想言論，只准學習國家公佈的法令，以官吏爲師。「故明主之國，無書簡之文，以法爲教；無先王之語，以吏爲師」〔註 10〕。

其四，人性本惡的觀點。韓非的「因情」主張來自商鞅學派。《韓非子·八經》中提及「因情論」，其文曰：「凡治天下，必因人情。人情者有好惡，故賞罰可用；賞罰可用則禁令可立，而治道具矣。」「賞莫如厚，使民利之；譽莫如美，使民榮之；誅莫如重，使民畏之；毀莫如惡，使民恥之。然後一行其法，禁誅於私，家不害功罪，賞罰必知之，知之則治道盡矣。」這些論斷顯然源自《商君書》《算地》、《錯法》、《壹言》等篇由人性、人情出發論治國任法的思想。其次，性惡說。韓非把商鞅的人性論推向極端，認爲人性本惡。「以腸胃爲根本，不食則不能活。是以不免於欲利之心，欲利之心不除，其身之憂也。」〔註 11〕由於利欲之心永遠得不到滿足，所以人變得極端自私，甚至父母子女之間也相互算計，「父母之於子也，產男則相賀，產女則殺之。」之所以如此，是因爲父母「慮其後便，計之長利也。」〔註 12〕

此外，韓非不必法古的歷史觀也顯然因襲自商鞅。如《韓非子·南面篇》曰：「不知治者，必曰：無變古，毋易常。變與不變，聖人不聽，正治而已。然則古之無變，常之毋易，在常古之可與不可。」這一主張與《更法篇》「治世不一道，便國不必法古」可謂如出一轍。

更爲重要的是，韓非吸取商鞅「重法」的思想特點，又指出其弊病在於

〔註 8〕 《韓非子·八說》
〔註 9〕 《韓非子·六反》
〔註 10〕 《韓非子·五蠹》
〔註 11〕 《韓非子·解老》
〔註 12〕 《韓非子·六反》

「興法而不用術」。因此，他廣泛汲取申不害的「貴術」及愼到的「勢」論，從而成爲法家學說的集大成者。

第三、對雜家著述《呂氏春秋》的影響

作爲秦統一前夕出現的融彙諸子治道的雜家著作《呂氏春秋》，雖然陰陽、道、法三家之說在該書思想體系的構成中發揮了重大的作用，但法家特別是《商君書》的政治學說對《呂氏春秋》的影響尤爲突出。具體表現如下：

其一，貴公和「利而勿利」的思想。有學者研究指出，在《呂氏春秋》一書中，「利而勿利」是作爲一個根本性的君道原則提出的，這一論述是貫穿全書思想的一根主軸。〔註13〕《貴公篇》認爲「凡主之立也，生於公」，「天下非一人之天下也，天下人之天下也。陰陽之和，不長一類；甘露時雨，不私一物；萬民之主，不阿一人」，因此，治國之道也應該是「利而勿利」，即「務在利民，勿自利也。」這種「公天下」的思想與《商君書・修權篇》「爲天下位天下」的說法甚爲一致。

其二，重農的思想傾向。《呂氏春秋》的《上農》、《任地》、《辯土》、《審時》四篇是集中闡述重農主張的，其中《上農篇》言重農之意甚悉，其文曰：「古先聖王之所以導其民者，先務於農。民農，非徒爲地利也，貴其志也。民農則樸，樸則易用。易用則邊境安，主位尊。民農則重，重則少私義。少私義則公法立，力專一。民農則其產復〔註14〕，其產復則重徙。重徙則死其處而無二慮。舍本而事末則不令，不令則不可以守，不可以戰。民舍本而事末則其產約，其產約則輕遷徙，輕遷徙則國家有患皆有遠志，無有居心。民舍本而事末則好智，好智則多詐，多詐則巧法令，以是爲非，以非爲是。」這一論斷在《商君書》中《墾令》、《農戰》、《壹言》、《算地》等篇也有近似的表達。如《農戰篇》云：「夫農者寡而游食者眾，故其國貧危。」「聖人知治國之要，故令民歸心於農。歸心於農，則民樸而可正也，紛紛則易使也。」

其次，《商君書》的思想是秦以後兩千年封建制度的指導思想之一

以商鞅爲首的法家在秦國實行了戰國時期最爲成功的變法運動，商鞅雖死，其法未敗。變法之後的秦國，相對於六國而言，幾乎未聞有弒君之舉，社會秩序井然。大儒荀子曾謂，「入境，觀其風俗，其百姓樸，其聲樂不流汙，

〔註13〕參見龐慧：《〈呂氏春秋〉對社會秩序的理解與構建》下篇第三章，北京：中國社會科學出版社，2009 年 5 月第 1 版，第 157～163 頁。

〔註14〕「復」，讀如《禮記・月令》：「水澤腹堅」之「腹」，厚也。

其服不侈，甚畏有司而順，古之民也。及都邑官府，其百吏肅然，莫不恭儉、敦敬、忠信而不楛，古之吏也。入其國，觀其士大夫，出於其門，入於公門；出於公門，歸於其家，無有私事也；不比周，不朋黨，倜然莫不明通而公也，古之士大夫也。觀其朝廷，其閒聽決百事不留，恬然如無治者，古之朝也。故四世有勝，非幸也，數也。」〔註15〕可以說，商鞅的政治主張爲秦的統一奠定了思想基礎，統一之後的秦王朝仍然奉法家思想爲圭臬，排斥儒家學說，甚至燔燒儒書。秦滅六國不僅是戰爭意義上的勝利，而且使法家學說隨之成爲最光耀奪目的「顯學」，儒、墨、道諸家的存在價值受到人們的質疑，其隊伍開始萎縮和消遁。鐵的事實教育著每一位持不同政見者，任何仁義道德之論都是蒼白的迂腐之論，最終的勝利者正是被嗤之以鼻、「寡恩少義」的暴秦和它賴以強大的「霸道」學說。不僅如此，法家特別是《商君書》的思想還成爲支配自秦以後二千年封建政治制度的指導思想之一，儘管自漢代以來隨著儒家正統地位的確立，人們諱言法家，但其思想已經滲透到整個社會制度當中。及至清季變法，尚有人認爲「二千年來之政，秦政也。」〔註16〕此語雖然未免有所誇大，但以《商君書》爲代表的法家思想對後世影響之巨，是先秦諸子的任何一家都難以比擬的。

《商君書》中反映的法家的政治思想特別是法治的思想，有著超越時代的進步性。首先，依據公開的成文法而不是習慣法來決定有罪與否，法律面前人人平等的思想至今仍散發出奪目的思想光芒；其次，通過賞罰來管理民眾。他們清楚的知道，要想國家秩序穩定，關鍵是臣民服從法律。他們的設想就是建立一套嚴格的獎懲制度，一方面對違法者嚴懲不貸；另一方面對守法者大力褒獎。僅僅就此而言，這種思想已經完全是現代的了。因爲直至今天大多數國家的治理方法，仍然不外乎獎、懲兩手。〔註17〕

在先秦諸子當中，對後世影響最大的當屬儒、法兩家。儒家倡導仁義和禮治，嚴格君臣父子之禮、夫婦長幼之別，強調社會關係的和諧，更多地體現出柔和的特點。而法家則主張以法治來正君臣上下之分，通過嚴刑峻法來維護社會秩序的穩定，顯示出「嚴而少恩」的剛性。帶「剛性」的法治是社

〔註15〕《荀子·彊國篇》
〔註16〕譚嗣同：《仁學》，蔡尚思、方行編：《譚嗣同全集》，北京：中華書局，1981年1月第1版，第337頁。
〔註17〕（德）羅曼·赫爾佐克著 趙蓉恒譯：《古代的國家：起源和統治形式》，北京：北京大學出版社，1998年10月第1版，第263頁。

會制度及秩序的保障，與提倡仁義道德的「柔性」禮治有同樣重要的作用，漢興以來的歷代封建王朝實際上尊奉的正是這種「剛柔相濟」的治國思想——儒表法裏。

附錄一 《商君書》佚文──《立法篇》[註1]研究

《立法篇》由於後世失傳，其內容由清人輯佚而成，故僅得一段文字，

「先王當時而立法，度務而制事。法宜其時則治，事適其務故有功。然則，法有時而治，事有當而功。今時移而法不變，務易而事以古，是法與時詭，而事與務易也。故法立而亂益，務爲而事廢。故聖人之治國也，不法古，不循今，當時而立功，在難而能免。今民能變俗矣，而法不易；國形更勢矣，而務以古。夫法者，民之治也。務者，事之用也。國失法則危，事失用則不成，故法不當時而務不適用而不危者，未之有也。」

此段佚文是嚴萬里據今傳本唐代魏徵等所輯的《群書治要》抄錄《商君書》內容而補充的。《群書治要》卷三十六錄有《商君子》之《立法》、《修權》、《定分》中的文字，但嚴萬里本《修權篇》前並無《立法》篇，我們無法得知該篇在《商君書》中的篇次。而且《群書治要》所引《立法》也很不完整，這些都使得我們對《立法》篇的研究只能局限於現存的文字當中。雖然這段佚文字數有限，但從中我們亦發現不少寶貴的信息。

從內容來看，本段主要論證了法治的必要性，同時強調立法要順應時代的需要。與現存本《更法篇》在語詞和思想內容上有頗多相似之處，如《更法篇》云：「法者，所以愛民也，禮者所以便事也。是以聖人苟可以強國，不法其故；苟可以利民，不循其禮。」「及至文、武，各當時而立法，因事而制

〔註 1〕 《群書治要》引作「六法」，嚴萬里認爲「六法當作立法」，從佚文的內容來看，嚴說可從。

-309-

禮。禮、法以時而定；制、令各順其宜；兵甲器備，各便其用。臣故曰：『治世不一道，便國不必法古。』」前人亦曾注意到這一點，如嚴萬里據《群書治要》校刊《商君書》時即云：「今本無《立法篇》，審其文義，似即《更法篇》後半之佚文，否則《墾令》、《農戰》二篇之後，《去彊篇》之前，當是《立法》第四，今本第四、五、六之次，皆校者遞改也。」〔註2〕

《更法篇》的主要內容是商鞅與甘龍、杜摯等人辯論要不要變法，雙方爭論的焦點即到底是固守舊的禮制還是大刀闊斧地厲行法治。爲了說服對方，商鞅更多地是以批駁對方論點的方式來提出己見。因此，他常常禮、法並舉來闡釋變革舊制的必要性。而這段《立法篇》佚文由於是專門討論法治的問題，所以該篇的著眼點在於多方面論證立法要合乎時宜這一論點。而這一觀點顯然是商鞅在御前辯論時所提到的，《立法篇》則對它作進一步的補充和完善。

綜上可知，《群書治要》可謂採擷了《立法篇》的精華，窺豹一斑亦已足矣。

〔註2〕 嚴氏對《立法篇》篇次的推定過於武斷，因爲按照《群書治要》的記載，我們至多只能說該篇在《修權篇》之前，僅此而已。

附錄二　商鞅大事年表

時　間	事　件	備　注
前 365 年～前 362 年	事魏相公叔痤爲中庶子	《商君列傳》
前 361 年（獻公二十三年）	與魏晉戰於少梁，虜其將公孫痤。	《秦本紀》
前 362 年（獻公二十四年）	二十四年，獻公卒，子孝公立，年已二十一歲矣。	《秦本紀》
前 361 年（孝公元年）	衛鞅聞是令下，西入秦，因景監求見孝公。〔註1〕	《秦本紀》
前 360 年（孝公二年）	天子致胙。	《秦本紀》
前 359 年（孝公三年）	說孝公，與甘龍、杜摯辯論，「卒用鞅法，百姓苦之。」	《秦本紀》
前 358 年（孝公四年）	「秦敗韓師於西山」。	《資治通鑒・周紀二》
前 357 年（孝公五年）		
前 356 年（孝公六年）	任左庶長，推行第一次變法。「令民爲什伍，而相牧司連坐。不告姦者腰斬，告姦者與斬敵首同賞，匿姦者與降敵同罰。民有二男以上不分異者，倍其賦。有軍功者，各以率受上爵；爲私鬥者，各以輕重被刑。大小僇力本業，耕織致粟帛多者復其身。事末利及怠而貧者，舉以爲收孥。宗室非有軍功，論不得屬籍。」	《商君列傳》

〔註1〕《史記・衛康叔世家》則記載：「成侯十一年，衛公孫鞅入秦。」

前 355 年（孝公七年）	與魏惠王會杜平。	《秦本紀》
前 354 年（孝公八年）	與魏戰元里，有功。	《秦本紀》
前 353 年（孝公九年）	齊魏桂陵之戰。	
前 352 年（孝公十年）	衛鞅爲大良造〔註2〕，將兵圍魏安邑，降之。	《秦本紀》
前 351 年（孝公十一年）	城商塞，衛鞅圍固陽，降之。	《六國年表》
前 350 年（孝公十二年）	推行第二次變法，「作爲咸陽，築冀闕，秦徙都之。並諸小鄉聚，集爲大縣，縣一令，四十一縣。爲田開阡陌。東地渡洛。」	《秦本紀》
前 349 年（孝公十三年）	初爲縣，有秩史。	《六國年表》
前 348 年（孝公十四年）	初爲賦	《秦本紀》
前 347 年（孝公十五年）		
前 346 年（孝公十六年）		
前 345 年（孝公十七年）		
前 344 年（孝公十八年）	向秦境內頒行標準量器〔註3〕	商鞅方升銘文
前 343 年（孝公十九年）	城武城。從東方牡丘來歸。天子致伯。	《六國年表》
前 342 年（孝公二十年）	諸侯畢賀。秦使公子少官率師，會諸侯逢澤，朝天子。	《秦本紀》
前 341 年（孝公二十一年）	九月，秦衛鞅伐我（魏）西鄙……王（魏梁惠王）攻衛鞅，我（魏）師敗績。〔註4〕	古本《竹書紀年·魏紀》

〔註2〕 而出土的商鞅兵器銘文中則多見「大良造庶長鞅」，關於大良造庶長是「爵稱＋官職」、「官職＋爵稱」，抑或新爵名，在學界爭議頗大，其確切含義仍待進一步探討。

〔註3〕 傳世實物有商鞅方升，又名商鞅量，其銘文曰：「十八年，齊率卿大夫來聘。冬十二月乙酉，大良造鞅爰積十八尊（寸）五分尊（寸）壹爲升。重泉。」蓋即秦孝公十八年，商鞅於秦國頒行標準量器一事。這是商鞅變法中關於統一度量衡的一項重要舉措，也是變法的重要年代。這一量器在秦始皇二十六年又下詔書頒行全國，說明商鞅變法的舉措是爲秦國相沿未替的。

〔註4〕 古本《竹書紀年·魏紀》，見《史記·魏世家》司馬貞索隱，第 1847 頁。《秦本紀》、《魏世家》、《商君列傳》、《六國年表》均謂商鞅虜魏公子卬之役在馬陵之戰次年。專家已結合《史記》和《竹書紀年》的相關記載考證指出，馬陵之戰當在魏惠王二十八年（前 342 年）。見晁福林：《商鞅史事考》，《中國

前 340 年（孝公二十二年）	衛鞅擊魏，虜魏公子卬。封鞅為列侯，號商君。	《六國年表》
前 339 年（孝公二十三年）	（孝公）「疾且不起，欲傳商君，辭不受。」	《戰國策・秦策一》
前 338 年（孝公二十四年）	秦惠王立，「公孫鞅以其私屬與母歸魏，襄疵不受，曰：『以君之反公子卬也，吾無道知君。』」「公子虔之徒告商君欲反，發吏捕商君。」商君逃亡至關，因無「驗」被拒。「商君即復入秦，走商邑，與其徒屬發邑兵，北出擊鄭，秦發兵攻商君，殺之於鄭澠池。秦惠王車裂商君以徇，曰：莫如商鞅反者！遂滅商君之家。」	《呂氏春秋・無義篇》《商君列傳》

史研究》，1994 年第 3 期。故這裡我們以古本《竹書紀年》的記載為準，認為商鞅擊魏及虜魏公子卬一事應在前 341 年（秦孝公二十一年）。

附錄三　大良造庶長辨析

　　「大良造庶長」的提法最早引起學者的關注蓋源於秦封宗邑瓦書銘文，由於大良造是秦爵制名稱，庶長早在春秋時期即有，早期是官職，而秦爵制中有「左庶長」、「駟車庶長」等名稱，似乎也與爵稱不無聯繫。「大良造庶長」連稱究竟是爵稱＋官名，還是官名＋爵稱，亦或是一個新的爵制名稱和等級，類似於大庶長、駟車庶長，又或者是相邦的代稱？以上種種解釋和猜想在學者當中爭論不休，令人眼花繚亂、莫衷一是。不僅如此，在出土的秦兵器銘文中，「大良造庶長」也多次出現，而且多件器物與商鞅直接關聯。因此，辨明「大良造庶長」對於釐清商鞅爵制及《商君書·墾令篇》的成書時代也大有裨益。

　　為討論方便計，我們先臚列相關內容如下。

　　十六年大良造鞅戈鐓銘文：

　　　十六年，大良造庶長鞅之造，雍竈。（孝公十六年，前 346 年）〔註1〕

　　十六年大良造商鞅鈹銘文：

　　　十六年，大良造庶長鞅之造、畢湍戻之鑄。〔註2〕

　　十九年大良造鞅造殳鐏銘文：

　　　十九年，大良造庶長鞅之造殳暆鄭。（孝公十九年，前 343 年）〔註3〕

〔註1〕　王輝：《秦出土文獻編年》，臺北：新文豐出版公司，2000 年 9 月第 1 版，第 53 頁。

〔註2〕　劉釗：《首陽齋藏商鞅鈹小考》，見《中國古代青銅器國際研討會論文集》，香港：香港中文大學文物館出版，2010 年 11 月第 1 版，第 292 頁釋文、拓片及摹本。

〔註3〕　咸陽市文物考古研究所：《咸陽石油鋼管鋼繩廠秦墓清理簡報》，《考古與文物》，1996 年第 5 期。

又秦封宗邑瓦書銘文：

（正面）四年，周天子使卿大夫辰來致文武之酢（胙）。冬十壹月辛酉，大良造庶長遊〔註4〕出命曰：「取杜，才酆邱到於滴水，以爲右庶長歜宗邑。」乃爲瓦書，卑司御不更〔註5〕顝封之，曰：「子子孫孫以爲宗邑。」顝以四年冬十壹月癸酉封之，自桑障之封以東北到於桑匽之

（反面）封，一里廿輯。

大田佐敔童曰未，史曰初，卜蟄，史駑手，司御心志是霾封。〔註6〕

目前學界普遍認爲瓦書中的「四年」當爲秦惠文君前元四年（前 334年），而對於瓦書中的「大良造庶長」究竟作何解釋則爭議頗大，主要有五種觀點：一是官爵合稱說，或主張「官名+爵稱」〔註7〕；或主張「爵稱+官名」〔註8〕；二是專稱之爵名說，認爲大良造庶長如加「駟車」、「大」於庶長之上而爲專稱之爵，其地位相當於「相邦」〔註9〕；三是雙爵連稱說，一人兼兩種爵位，地位很高〔註10〕；四是是繁省說，認爲「大良造庶長」

〔註4〕 又四年相邦樛斿戈銘文：（正面）四年相邦樛斿之造，櫟陽工上造間。（反面）吾。見王輝：《秦出土文獻編年》，第 57 頁。學界一般據此戈判斷瓦書中的「大良造庶長遊」即相邦樛斿。

〔註5〕 這裡的「司御」，據睡虎地秦簡《傳食律》云：「上造以下到官佐、史毋（無）爵者，及卜、史、司御、寺、府，糲米一斗，有菜羹，鹽廿二分升二。」（《睡虎地秦墓竹簡》，第 103 頁。）由該律文可見司御的待遇與二等爵上造以下者相仿，整理者注謂：司御是管理車輛的小吏，而不更爲秦爵第四等。顯然對於任司御一職的顝而言得到不更這個爵位是較高的榮寵，瓦書爲何先官後爵呢？實際上，這是秦早期題銘的慣例，一般皆官職在前，爵位在後。如四年相邦樛遊戈的第二級監造者即「工上造間」，工即工師，是官稱，上造是爵名。此外兵器銘文中還有「工上造旦」等。（見尚志儒：《秦相的設置及相關問題》，《文博》，1997 年第 2 期）

〔註6〕 郭子直：《戰國秦封宗邑瓦書銘文新釋》，《古文字研究》第 14 輯，釋文見第180 頁，拓片見第 178 頁，摹本見第 179 頁。

〔註7〕 尚志儒：《秦封宗邑瓦書的幾個問題》，《文博》，1986 年第 6 期；袁仲一：《秦惠文王前四年賜宗邑瓦書》，見《秦代陶文》，西安：三秦出版社，1987 年 5 月第 1 版，第 75～84 頁。又見袁仲一：《讀秦惠文王四年瓦書》，《秦文化論叢》（第一輯），西安：西北大學出版社，1993 年 5 月第 1 版。張占民：《秦兵器題銘考釋》，《古文字研究》第 14 輯。

〔註8〕 郭子直：《戰國秦封宗邑瓦書銘文新釋》，《古文字研究》第 14 輯；韓養民：《秦置相邦丞相淵源考》，《人文雜誌》，1982 年第 2 期。

〔註9〕 黃盛璋：《秦封宗邑瓦書及其相關問題考辨》，《考古與文物》，1991 年第 3 期。

〔註10〕 王輝：《十九年大良造鞅殳鐏考》，《考古與文物》，1996 年第 5 期。另張金光

乃「大良造」的全稱，「大良造」即「大良造庶長」之省稱〔註11〕；五是兼官說，認為「大良造」、「庶長」均為官名，「大良造庶長」宜解為「大良造」而兼「庶長」之官〔註12〕。

　　案，以上諸說都頗具道理。首先，我們來分析官爵合稱說的第一種情況——「官名+爵稱」。從瓦書後面「俾司御不更〔註13〕顅封之」文例來看，將「大良造庶長」解釋為「官名+爵位」符合瓦書前後文例的一致性，故此說有其合理性。論者還舉馬非百在《秦集史》中對庶長一職的演變為例證明庶長為爵稱：「在孝公以前，庶長每有擅權廢立之事。至孝公、武公時，王權漸盛，庶長失去權威，使由官名分化為左、右、駟車及大庶長等四種爵位耳。」〔註14〕

　　揆諸文獻，我們發現馬非百的這一論斷值得商榷。《史記・秦本紀》明確記載，庶長作為一個官職一直到秦昭襄王時依然存在，並未如論者所言因分化為爵位而消失。如惠文王時的庶長遊、庶長操、庶長疾、庶長章，武王時的庶長封，昭襄王時的庶長壯、庶長奐等等。又如樗里疾，「惠文王後元七年，韓、趙、魏、燕、齊帥匈奴共攻秦。秦使庶長疾與戰修魚，」「斬首八萬二千」〔註15〕；（惠文王）後元八年，「爵樗里子右更。」〔註16〕「後元十二年，庶長疾攻趙」。「後元十三年，秦使庶長疾助韓而東攻齊」。〔註17〕

在《秦制研究》第十一章爵制中也認為該瓦書的大良造和庶長皆為爵名，但他認為「這實是大良造某（瓦書失其名）、庶長遊共同『出命』。」（見《秦制研究》，上海：上海古籍出版社，2004年12月第1版，第748頁。）案：細審瓦書拓片，大良造和庶長之間並無空格或缺省殘字；而且作為一種官文書漏載人名似乎不太可能，瓦書後文連參與霝封的教童、史、不、司御等官吏皆名載其上，位居高位的大良造之名卻被漏掉實在說不過去。

〔註11〕楊寬：《商鞅變法》，上海：上海人民出版社，1955年9月第1版，第37頁；杜正勝：《從爵制論商鞅變法所形成的社會》，《中央研究院歷史語言研究所集刊》第五十六本第三分，1985年9月出版，第499頁；李學勤：《秦四年瓦書》，《李學勤學術文化隨筆》，北京：中國青年文化出版社，1999年1月第1版，第336頁。

〔註12〕汪中文：《秦封宗邑瓦書文補釋——兼論「大良造」、「庶長」之爵名問題》，《兩周官制論稿》，高雄：復文圖書出版社，1993年10月第1版，第121～137頁。

〔註13〕《傳食律》云：「上造以下到官佐、史毋（無）爵者，及卜、史、司御、寺、府，糲米一斗，有菜羹，鹽廿二分升二。」（《睡虎地秦墓竹簡》，第103頁。）由該律文可見司御的待遇相當於二等爵上造以下，但此人爵位卻是不更，說明其身份較高。

〔註14〕馬非百：《秦集史》，北京：中華書局，1982年8月第1版，第876頁。

〔註15〕《史記・秦本紀》

〔註16〕《史記・樗里子甘茂列傳》

〔註17〕《史記・秦本紀》

從上述記載可見，樗里疾雖然在惠文王後元八年爵遷右更，僅次於大良造，已經是很高的爵位了，但他的官職依然是庶長，直到武王即位。「太子武王立，逐張儀、魏章，而以樗里子、甘茂爲左右丞相。」至此，樗里子的官職才從庶長變爲左丞相。此外，廣州西漢南越王墓出土的相邦張儀戟銘文謂：「（惠文王後元四年，前 321 年）王四年相邦張儀、庶長□操之造□界戟，□工師賤工卯錫。」〔註18〕這裡相邦與庶長並列出現，有學者指出按秦器文例，由相邦督造的器物未見附加其他官職，此戟有「庶長□操」，應係由於張儀時在魏，以庶長操實際代理之故。〔註19〕如果此說不誤的話，那麼也可證明庶長很可能是官職，而非爵位。在相邦設置之後，庶長的職務僅次於相邦，這表明其地位並不低。在相邦不在的情況下，可以代理相邦之職。此外，出土的秦昭王戈銘記載：「七年丞相奐造，咸□（陽）工師琢工遊」據學者考證，戈銘中的丞相奐即《史記·周本紀》當中於昭襄王六年「伐楚」的庶長奐。〔註20〕這也進一步證明庶長的確是官職而非爵稱。

而大良造作爲爵稱也是明確無疑之事，文獻當中記載秦國僅有商鞅、白起、公孫衍三人曾爵拜大良造。庶長作爲秦國特有的官職早在春秋時期即出現於文獻當中，自秦憲公一直到昭襄王六年，史不絕書。因此，「爵稱+官名」之說也並非無根之談。認爲大良造和庶長都是官職的兼官說雖然令人耳目一新，但將大良造看做官職無疑存在明顯的缺憾。而且法家是主張「士不兼官」、「人不同功」〔註21〕「一人不兼官，一官不兼事」〔註22〕，因此兼官說也有悖法家循名責實、嚴格賞罰的根本原則，在秦國的政治實踐中估計是不大可能存在的。

雙爵連稱說也存在同樣的問題，因爲庶長作爲官職的說法也淵源有自，難以抹殺。繁省說存在一個無法回答的問題，即爲何文獻當中一直都是省稱，找不到一條繁稱的用例，而只有出土的兵器、瓦書銘文中才使用繁稱？

無論以上哪種說法都必須對「大良造庶長」何以與「相邦」地位近似做出解釋。因爲前文已經提及，瓦書中「大良造庶長遊」即四年相邦樛遊戈之

〔註18〕 王輝：《秦出土文獻編年》，第 58～59 頁。
〔註19〕 李學勤：《秦孝公、惠文王時期銘文研究》，《中國社會科學院研究生院學報》，1992 年第 5 期。
〔註20〕 梁云：《秦戈銘文考釋》，《中國歷史文物》，2009 年第 2 期。
〔註21〕 《韓非子·用人》
〔註22〕 《韓非子·難一》

「相邦樛遊」。樛遊在同一年既爲大良造庶長又稱相邦〔註23〕。相邦無疑是官職名稱，而從秦中央兵器銘文的督造規律來看，秦器監造者春秋早期爲秦子（秦公），戰國中期惠文王之後爲相邦或承相〔註24〕，由此推測上述商鞅諸器的「大良造庶長」之地位約與相邦相當。

　　循著上述論證思路，有學者從分析庶長一職在秦官制演變的角度對「爵稱+官名」說進行了補充論證，認爲庶長爲官稱，且多由宗宰之人擔任。孝公之前，庶長一度把握秦國大權，操縱國內君位繼承。孝公時，爲了限制宗室貴族權力，始任用異姓功臣商鞅擔任庶長，出現在商鞅身上的「大良造庶長」是當時秦最高執政者的稱呼。惠文王四年的樛斿既有「大良造庶長」頭銜，後來又有「相邦」官職，說明秦國於此時才仿東方六國置相，並將「大良造庶長」改稱爲「相邦」。庶長的權力才被正式分割和削弱。〔註25〕

　　案，此說很好地解決了「大良造庶長」與「相邦」的關係問題。需要補允的是，從前引相邦張儀戈銘文及樗里疾的經歷可知，庶長的地位在相邦、丞相設置後依然比較高，其實權的削弱應當是一個緩慢而漸進的過程，並非一蹴而就，一設立相邦、丞相其權力即被分割。

　　綜上所述，大良造庶長應爲秦國歷史上一個特殊時期位極人臣的尊位，大良造是當時的最高爵稱，而庶長也是當時的最高官職。大良造庶長的地位相當於相邦，從現有的材料來看，這一尊位白孝公十六年（前 346 年）一直沿用至惠文王前元四年（前 334），前後約 12 年。後來出於秦國仿傚三晉制度，正式設置了相邦和丞相等官職後，最高執政長官有了專稱，大良造庶長的稱謂才隨之淡出。大概也是由於行用時間不長，故傳世文獻中未見記載。

〔註23〕尚志儒：《秦相的設置及相關問題》，《文博》，1997 年第 2 期。
〔註24〕王輝：《秦器銘文叢考》，《文博》，1988 年第 2 期；袁仲一：《秦中央督造的兵器刻辭綜述》，《考古與文物》，1984 年第 5 期。
〔註25〕劉芮方：《秦庶長考》，《古代文明》，2010 年第 3 期。

參考文獻

一、基本典籍與出土材料

(一)《商君書》常見版本及相關書目

1. （清）孫星衍、孫馮翼校:《商君書校》,《問經堂叢書》本。
2. （清）嚴萬里:《商君書新校正》,諸子集成本,北京:中華書局據世界書局原版重印,1996 年 2 月第 9 次印刷。
3. （明）范欽本即四部叢刊本。
4. （明）程榮纂輯《商子》,即漢魏叢書本,長春:吉林大學出版社,1992 年 12 月影印版。
5. 指海本《商子》即叢書集成初編本,北京:中華書局,1985 年新一版。
6. 崇文書局本即百子全書本。
7. （清）孫詒讓:《札迻》,北京:中華書局,1989 年 1 月第 1 版。
8. （清）孫詒讓:《商子境內篇校釋》,見孫詒讓遺書《籀廎遺著輯存》,濟南:齊魯書社,1987 年 5 月第 1 版。
9. （清）于鬯:《香草續校書》,北京:中華書局,1963 年 3 月第 1 版。
10. （清）俞樾:《諸子平議》,上海書店,1988 年 5 月第 1 版。
11. 支偉成編:《標點注解商君書》,上海:泰東書局,1927 年 5 月再版。
12. 陳啓天:《商君書校釋》,上海:商務印書館,1935 年 5 月初版。
13. 朱師轍:《商君書解詁定本》,北京:北京古籍出版社,1955 年 6 月第 1 版據 1948 年廣州排印本重印。
14. 蔣禮鴻:《商君書錐指》,北京:中華書局,1996 年 9 月第 2 次印刷。
15. 蔣禮鴻:《經微室〈商子〉校本跋》,見《蔣禮鴻集》第四卷,杭州:浙江教育出版社,2001 年 8 月第 1 版。

16. 高亨：《商君書注譯》，北京：中華書局，1974 年 12 月第 1 版。

17. 簡書：《商君書箋正》，臺北：廣文書局，1975 年 4 月初版。

18. 賀凌虛：《商君書今注今譯》，臺北：臺灣商務印書館，1987 年 3 月第 1 版。

19. 張覺：《商君書全譯》，貴陽：貴州人民出版社，1993 年 10 月第 1 版。

20. 張覺：《商君書校注》，長沙：嶽麓書社，2006 年 5 月第 1 版。

21. 張覺：國學經典導讀《商君書》，北京：中國國際廣播出版社，2011 年 1 月第 1 版。

（二）基本典籍與出土材料

1. （西漢）司馬遷：《史記》，北京：中華書局，1959 年 9 月第 1 版。

2. （西漢）劉向輯錄：《戰國策》，上海：上海古籍出版社，1998 年 3 月第 2 版（姚宏本，即《士禮居叢書》本）。

3. （東漢）班固：《漢書》，北京：中華書局，1962 年 6 月第 1 版。

4. （清）阮元校刻：《十三經注疏》，北京：中華書局，1980 年 9 月影印本。

5. 《諸子集成》，北京：中華書局據世界書局原版重印，1996 年 2 月第 9 次印刷。

6. 黃暉撰：《論衡校釋》（全四冊），北京：中華書局，1990 年 2 月第 1 版。

7. 馬王堆漢墓帛書整理小組編：《戰國縱橫家書》，北京：文物出版社，1976 年版。

8. 睡虎地秦墓竹簡整理小組編：《睡虎地秦墓竹簡》，北京：文物出版社，1978 年 11 月第 1 版。

9. 湖北省文物研究所等：《雲夢龍崗 6 號秦墓及出土簡牘》，《考古學集刊》第 8 期。

10. 四川省博物館：《青川縣出土秦更修田律木牘——四川青川縣戰國墓發掘簡報》，《文物》1982 年第 1 期。

11. 銀雀山漢墓竹簡整理小組：《銀雀山竹書〈守法〉、〈守令〉等十三篇》，《文物》1985 年第 4 期。

12. 銀雀山漢墓竹簡整理小組：《銀雀山漢墓竹簡》，北京：文物出版社，1985 年 9 月第 1 版。

13. 銀雀山漢墓竹簡整理小組：《孫子兵法》，北京：文物出版社 1976 年 10 月第 1 版。

14. 何雙全：《天水放馬灘秦簡綜述》，《文物》1989 年第 2 期。

15. 湖南省文物考古研究所：《湖南龍山里耶戰國——秦代古城一號井發掘簡報》，《文物》2003 年第 1 期。

二、專著

1. （清）永瑢等著：《四庫全書簡明目錄》，上海：上海古籍出版社，1985 年新 1 版。

2. 麥孟華：《商君評傳》，世界書局：《諸子集成》（五），上海：上海書店，1986 年 7 月影印本。

3. 陳啓天：《商鞅評傳》，上海：商務印書館，1935 年 5 月初版。

4. 鄭良樹：《商鞅及其學派》，上海：上海古籍出版社，1989 年 6 月第 1 版。

5. 鄭良樹：《商鞅評傳》，南京：南京大學出版社，1998 年 12 月第 1 版。

6. 李存山：《商鞅評傳：爲秦開帝業的改革家》，南寧：廣西教育出版社，1997 年 7 月第 1 版。

7. 李傑群：《商君書虛詞研究》，北京：中國文史出版社，2000 年 6 月第 1 版。

8. 王時潤：《商君書斠詮》，臺中：文聽閣圖書有限公司，2010 年 5 月第 1 版。

9. 劉咸炘：《子疏》，成都：尚友書塾，1924 年刻、1927 年修版。

10. 劉汝霖：《周秦諸子考》，北京：北平文化學社，1929 年版。

11. 呂思勉：《經子解題》，上海：華東師範大學出版社，1995 年 12 月第 1 版。

12. 羅根澤：《諸子考索》，北京：人民出版社，1958 年 2 月第 1 版。

13. 楊樹達：《積微居讀書記》，北京：中華書局，1962 年 9 月第 1 版。

14. 劉如瑛：《諸子箋校商補》，濟南：山東教育出版社，1995 年 9 月第 1 版。

15. 嚴靈峰編著：《周秦漢魏諸子知見書目》（三），北京：中華書局，1993 年版。

16. 國學整理社編輯：《諸子集成》（全八冊），北京：中華書局，1996 年 2 月第 9 次印刷。

17. 張心澂編著：《僞書通考》，上海：上海書店出版社，1998 年 1 月第 1 版。

18. 錢穆：《先秦諸子繫年》，北京：商務印書館，2001 年 8 月第 1 版。

19. 錢穆：《秦漢史》，北京：生活・讀書・新知三聯書店，2004 年 4 月第 1 版。

20. 郭沫若：《十批判書》，北京：東方出版社，1996 年 3 月第 1 版。

21. 楊向奎：《中國古代社會與古代思想研究》，上海：上海人民出版社，1962 年 4 月第 1 版。

22. 楊寬：《商鞅變法》，上海：上海人民出版社，1955 年 9 月第 1 版。

23. 楊寬：《戰國史》，上海：上海人民出版社，2003 年 4 月第 1 版。

24. 楊寬：《戰國史料編年輯證》，上海：上海人民出版社，2001 年 11 月第 1 版。

25. 楊寬、吳浩坤主編:《戰國會要》(上、下冊),上海:上海古籍出版社,2005 年 12 月第 1 版。

26. (明)董說撰:《七國考》,北京:中華書局,1998 年 11 月第 2 次印刷。

27. 繆文遠:《七國考訂補》(上、下冊),上海:上海古籍出版社,1987 年 4 月第 1 版。

28. 繆文遠:《戰國史繫年輯證》,成都:巴蜀書社,1997 年 1 月第 1 版。

29. 繆文遠:《戰國制度通考》,成都:巴蜀書社,1998 年 9 月第 1 版。

30. 陳夢家:《六國紀年》,上海:上海人民出版社,1956 年 12 月新 1 版。

31. 馬非百:《秦集史》,北京:中華書局,1982 年 8 月第 1 版。

32. 王蘧常:《秦史》,上海:上海古籍出版社,2000 年 12 月第 1 版。

33. 陳直:《史記新證》,天津:天津人民出版社,1979 年 4 月第 1 版。

34. 林劍鳴:《秦史稿》,上海:上海人民出版社,1981 年 2 月第 1 版。

35. 林劍鳴:《秦漢史》(上、下冊),上海:上海人民出版社,1989 年 10 月第 1 版。

36. 李學勤:《東周與秦代文明》,北京:文物出版社,1991 年 11 月增訂版。

37. (清)孫楷撰 徐復訂補:《秦會要訂補》,北京:中華書局,1998 年 11 月第 2 次印刷。

38. (清)孫楷撰 楊善群校補:《秦會要》,上海:上海古籍出版社,2004 年 12 月第 1 版。

39. 張金光:《秦制研究》,上海:上海古籍出版社,2004 年 12 月第 1 版。

40. 劉家和:《古代中國與世界》,武漢:武漢大學出版社,1995 年 7 月第 1 版。

41. 劉家和:《史學、經學與思想》,北京:北京師範大學出版社,2005 年 1 月第 1 版。

42. 朱紹侯:《軍功爵制研究》,上海:上海人民出版社,1990 年版。

43. 高敏:《雲夢秦簡初探》(增訂本),鄭州:河南人民出版社,1981 年 7 月第 2 版。

44. 高敏:《秦漢史探討》,鄭州:中州古籍出版社,1998 年 9 月第 1 版。

45. 晁福林:《夏商西周的社會變遷》,北京:北京師範大學出版社,1996 年 6 月第 1 版。

46. 晁福林:《先秦社會形態研究》,北京:北京師範大學出版社,2003 年 3 月第 1 版。

47. 晁福林:《春秋戰國的社會變遷》(上、下冊),北京:商務印書館,2011 年 9 月第 1 版。

48. 王和：《從邦國到帝國的先秦政治》，濟南：泰山出版社，2003 年 4 月第 1 版。

49. 李零：《李零自選集》，南寧：廣西師範大學出版社，1998 年 2 月第 1 版。

50. 蔣重躍：《韓非子的政治思想》，北京：北京師範大學出版社，2000 年 11 月第 1 版。

51. 康佩：《〈商君書〉與商鞅治道之研究》，臺北：花木蘭文化出版社，2008 年 9 月第 1 版。

52. 黃紹梅：《商鞅反人文觀研究》，臺北：花木蘭文化出版社，2010 年 3 月第 1 版。

53. J.J.L.Duyvendak, The Book of Lord Shang, University of Chicago Press, Chicago, 1963.

54. Michael Loewe & Edward L. Shaughnessy, The Cambridge History Of Ancient China:From the Origins of Civilization to 221B.C. Cambridge University Press, 1999.

55. （德）羅曼・赫爾佐克著、趙蓉恒譯：《古代的國家起源和統治形式》，北京：北京大學出版社，1998 年 10 月第 1 版，2003 年 11 月第 2 次印刷。

二、論文（以發表時間先後排序）

1. 容肇祖：《〈商君書〉考證》，《燕京學報》第 21 期，1937 年 6 月。

2. 齊思和：《商鞅變法考》，《燕京學報》第 33 期，另收入齊著《中國史探研》一書中，北京：中華書局，1981 年 4 月第 1 版。

3. 陶鴻慶：《讀〈商君書〉箚記》，《制言》半月刊第 26 期，1937 年 1 月。

4. 詹劍峰：《〈商君書〉辨偽》，《爭鳴》，1982 年第 3 期。

5. 楊寬：《戰國秦漢的監察和視察地方制度》，《社會科學戰線》，1982 年第 2 期。

6. 楊寬：《雲夢秦簡所反映的土地制度和農業政策》，《上海博物館集刊》1982 年（建館三十週年特輯），上海古籍出版社，1983 年 7 月第 1 版。

7. 王曉波：《先秦法家發展及韓非的政治哲學》，《大陸雜誌》，1982 年 7 月 15 日。

8. 王曉波：《商君與〈商君書〉的思想分析》，收入王著《先秦法家思想史論》，臺北：聯經出版事業公司，1991 年 7 月初版。

9. 詹秀惠：《釋商君書並論其真偽》，《淡江學報》第十二期，1974 年 4 月。

10. 劉澤華：《先秦法家立法原則初探》，《天津社會科學》，1983 年第 1 期。

11. 劉澤華：《論〈商君書〉的耕戰與法治思想》，《山東師大學報》，1983 年第 4 期。

12. 杜正勝：《從爵制論商鞅變法所形成的社會》，《中央研究院歷史語言研究

所集刊》第五十六本第三分，臺北：中央研究院歷史語言研究所，1985 年 9 月出版。

13. 胡大貴：《庶長考》，《四川師範大學學報》，1990 年第 2 期。

14. 黃中業：《〈商君書〉法治思想述論》，《史學集刊》，1990 年第 4 期。

15. 車新亭：《試說衛鞅「強國之法」中的爵制》，北京師範大學 1990 年碩士論文，北京師範大學圖書館京師文庫藏。

16. 郭子直：《戰國秦封宗邑瓦書銘文新釋》，《古文字研究》第 14 輯。

17. 張覺：《〈商君書〉、〈申子〉、〈慎子〉流傳考略》，《中國圖書館學報》，1991 年第 1 期。

18. 徐勇：《〈商君書‧徠民篇〉的成書年代和作者蠡測》，《松遼學刊》，1991 年第 2 期。

19. 晁福林：《商鞅史事考》，《中國史研究》，1994 年第 3 期。

20. 晁福林：《商鞅變法史事考》，《人文雜誌》，1994 年第 4 期。

21. 晁福林：《五國攻秦與修魚之戰考》，《安徽史學》，1996 年第 1 期。

22. 晁福林：《垂沙之役考》，《江漢論壇》，1996 年第 3 期。

23. 李存山：《〈商君書〉與漢代尊儒——兼論商鞅及其學派與儒學的衝突》，《中國社會科學院研究生院學報》，1998 年第 1 期。

24. 盧瑞容：《戰國時代「勢」概念發展析探》，《臺大歷史學報》第 25 期，2000 年 6 月。

25. 連劭名：《〈商君書〉新證》，《文獻》，2001 年第 4 期。

26. 劉家和：《論歷史理性在中國的發生》，《史學理論研究》2003 年第 2 期。

27. 許殿才：《〈商君書〉對歷史知識的運用》，《史學史研究》2004 年第 2 期。

28. 蔣重躍：《試論道法兩家歷史觀的異同》，《文史哲》2004 年第 4 期。

29. 杜麗榮：《〈商君書〉語詞雜考》，《山東大學學報》，2004 年第 4 期。

30. 夏增民：《〈商君書〉的「尚公」思想與整體主義政治觀》，Confucius2000 網站，2004 年 8 月 27 日。

31. 朱紹侯：《商鞅變法與秦國早期軍功爵制》，《零陵學院學報》，2004 年第 5 期。

32. 劉紹云：《儒法思想的內在相通及其歷史融合》，《理論學刊》，2004 年第 12 期。

33. 馮樹勳：《從〈商君書〉輯定年代看古籍整理的幾項要素》，《書目季刊》第三十八卷第三期，2004 年 12 月。